古代の朝鮮と日本（倭国）

高 寛敏 著

雄山閣

目次

古代の朝鮮と日本（倭国）

はじめに

古代の朝鮮と日本（倭国）の間には活発な人的・物的交流があり、主に朝鮮から日本への流れによって古代日本の文化が発展したことは、なにびとも否定できないことであろう。しかしながら、その実態を解明しうる文献史料は限られており、いきおい考古学的資料が重要視されることになる。それでも、国家的・人的関係は、まずなによりも両国の基本的文献に頼らなければならないことも事実である。その主要文献は、朝鮮側の『三国史記』・『三国遺事』と、日本側の『古事記』・『日本書紀』・『続日本紀』などであるが、その内容には問題が多い。主に重要視されるのは、『三国史記』（一一四五年）と『古事記』（七一二年）・『日本書紀』（七二〇年）であるが、両書ともそのままでは充分には信憑性があるとはいえず、初期記事にはとくにその感が深い。そのため、なによりも文献の史料批判がまず深化されねばならないのであるが、先学の蓄積は少なくないとはいえ、まだ核心に迫りきっているとはいえないのが実状であろう。そこで本書は、これら三書の史料批判をその成立過程を解明しながら先行させ、あわせて中国史料や、『広開土王碑』などの金石文の解釈を、これまた基本的課題としつつ主題に接近することを試みた。

筆者はすでに『三国史記の原典的研究』（一九九六年）、『古代朝鮮諸国と倭国』（一九九七年）、『倭国王統譜の形成』（二〇〇一年）、『古代東アジア史論考』（二〇〇五年）、「高句麗の史書編纂と百済・新羅・倭」（高句麗研究会編『広開土太王と東アジア世界』ソウル、二〇〇五年）を公表し、これらの問題について論じている。本書はこれらの著作から主題に直結しない論考と枝葉を削り、主題に合わせて体系を一新したもので、瑣末な論証を避けてわかりやすくし、その後の研究によって部分的に補正を加えた。

第一篇　朝鮮三国の編史事業と『三国史記』

第一章　高句麗の編史事業

『三国史記』（以下、『史記』）嬰陽王一一年（六〇〇年）に、

詔大学博士李文真、約古史為新集五巻。国初始用文字、時有人記事一百巻、名曰留記、至是刪修。

とあって、高句麗の編史事業に関する唯一の記事がある。それをみると、「国初」に『留記』（古史）一百巻がすでに存在していて、嬰陽王一一年に、『新集』五巻として「約」・「刪修」されたという。これは高句麗編史に関する明確な情報を伝える貴重な記事であるが、遺憾なことに、『留記』・『新集』ともに亡失し、その後の史書にもなんらの言及もないので、『史記』がどれほど両書を参考にしたかが明らかでない。

ここで参考になるのは、次掲の王名・葬地名一覧表である。この表から次のことが明らかになる。第一に、王葬地の記録が故国壌王まではほぼ一貫してみえるのに、広開土王以後はひとつもないことである。このことは、広開土王代に一次的に史書が編纂されたことを語っているが、それがまさしく『留記』なのである。ただ、大祖大王と次大王には葬地記録がないが、新大王葬地である故国谷は本来大祖大王葬地であり、理由は後述のとおりであるが、

葬地記録がなかったのは次大王と新大王の場合である。第二に、王名には分注異伝があることである。分注には空欄があるが、それは本文と一致するためであって、分注系統王名に欠所があったわけではない。その点を念頭に置いて両者を比較すると、分注王名が確実に古式であり、本文系統はそれを漢式化したものであることがわかる。すなわち、平原王までの本文王名は『新集』系統の史料に依拠したものであるということができるのである。一方、広開土王以後にも、分注系統は陽崗上好王・平崗上好王などの古式名を伝えているが、これは、『留記』系統の古式名を継承しながら末王までの王名を伝えた史書が存在していた、ということを語っている。そしてそれを継承して『史記』の一原典になったのは、高麗初（一〇～一一世紀）に編纂された『旧三国史』であるということがいえる。結論的にいって、平原王代までの『史記』の基本原典は『新集』系統の史料であり、補助原典として『旧三国史』が利用されたのである。

それでは、嬰陽王以下三代の王名はなにに拠ったのかである。表によれば、本文謚は『旧三国史』、諱は中国史書に拠り、分注諱は『旧三国史』に拠ったということが明白である。ただ分注諱の平陽だけは出所が不明であるが、嬰陽王代以下は『旧三国史』と中国史書が原点となったということができる。

ここで、山上王即位前紀と東川王紀八年秋九月条に、国壌王男式・発歧・山上王延優・罽須の四兄弟と王后于氏に関する記事があるのが注目される。この記事は、分注系統の古式名国壌王の存在によって、『旧三国史』に拠ったものであることがわかる。山上王に分注がないのは本文に一致するためであることがわかり、また分注系統には男武・延優の諱があったことも確認される。男武・延優にはそれぞれ中国史書を参考にした伊夷謨・位宮の分注があるが、それは『旧三国史』注に拠ったものということができる。同様な例として劉・湯があるが、劉は『旧三国史』が重視した『梁書』からの引用であることが、それを裏付ける。

王代	諡		諱		葬地	備考
	本文	分注	本文	分注		
1	東明聖王		朱蒙	鄒□、衆解	龍山	（魏書）朱蒙
2	琉璃明王		類利		豆谷東原	（目録）琉璃王、（年表）瑠璃王
3	大武神王	大解朱留王	無恤		大獣林原	
4	閔中王		解色朱		閔中原	
5	慕本王		解憂	解愛婁	慕本原	
6	大祖大王	国祖王	宮、小名於漱			（目録）大祖王、（年表）国祖王、（後漢書・三国志）宮
7	次大王		遂成			（後漢書）遂成
8	新大王		伯固	伯句	故国谷	（後漢書・三国志）伯固
9	故国川王	国襄	男武	伊夷謨	故国川原	（三国志）伊夷模
10	山上王		延優	位宮	山上陵	（三国志）位宮
11	東川王	東襄	憂位居、小名郊彘		柴原	
12	中川王	中襄	然弗		中川之原	
13	西川王	西壌	薬盧	若友	西川之原	
14	烽上王	雉葛	相夫	歃矢婁	烽上之原	
15	美川王	好壌王	乙弗	憂弗	美川之原	（魏書）乙弗利
16	故国原王	国岡上王	斯由	劉	故国之原	（魏書）釗、（梁書）劉
17	小獣林王	小解朱留王	丘夫		小獣林	
18	故国壌王		伊連	於只支	故国壌	
19	広開土王		談徳			（年表）広開土王・開土王、（晋書）安
20	長寿王		巨連	巨璉		（魏書）璉
21	文咨明王	明治好王	羅雲			（目録）文咨王、（魏書）雲
22	安臧王		興安			（魏書）安
23	安原王		宝延			（魏書）延
24	陽原王	陽崗上好王	平成			（魏書）成
25	平原王	平崗上好王	陽成	湯		（隋書）湯
26	嬰陽王	平陽	元			（隋書）元
27	栄留王		建武	建成		（唐書）建武
28	宝臧王		臧	宝臧		（目録・年表）宝臧王、（唐書）臧

『留記』は、説話色豊かな文学的史書であった。それはまず、日神解慕漱の降臨と河伯女柳花との邂逅、その結果としての始祖王衆解（鄒牟、朱蒙が一般的であるが、朱蒙は『魏書』などを参考にした『新集』の表記）の夫余での卵生、神助をえての夫余からの脱出と卒本（沸流水付近）での波瀾に富んだ建国（紀元前三七年、甲申年）過程を、神話的手法と文学的表現を駆使して高らかに謳歌した。その詳細は李奎報作『東明王篇』（一一九三年）分注所引『旧三国史』逸文によって窺い知ることができる。続いて類利王と大解朱留王による小国統合、とくに楽浪国や黄龍国、夫余との困難な闘争を通じて、強大な高句麗国家の基礎が固まったことを詳細に記していた。その過程は、この三王を助けて活躍した王子たちや、さまざまな英雄豪傑の活躍時期でもあった。その次に、国祖王於漱の遼東進出と弟の遂成、伯句との葛藤、国壌王男武・発歧・山上王延優・罽須四兄弟の王位をめぐる問題を人間臭豊かに叙述し、さらに雉葛王歃矢婁の暴虐と好壌王憂弗の流浪、即位と対外的発展を詳述したのである。おそらくそのような説話的記事はそこで終わり、国岡上王斯由代以下は、実録的な記録が主となっていたと考えられる。

『新集』のねらいは、第一に、『留記』をより漢式的に整え、同時に簡略化することであった。その第二点は、初三代に新しく東明聖王・琉璃明王・大武神王という謚号を付与し、その威厳を高めたことである。第三点は、『後漢書』・『三国志』・『魏書』に伝える高句麗王名の遂成・伯固（両者とも本当は王ではなかった）を参照して、『留記』にはなかった次大王・新大王紀を創出し、国祖王を大祖大王と改謚した。これによって、高句麗王統譜は改変されたのであるが、その結果、広開土王は、始祖王より数えて第一七代王（『広開土王碑』）から第一九代王と変更されたのである。

『新集』は、『留記』の王統譜を改変し、広開土王から嬰陽王までの系譜を残したが、広開土王代以下に、具体的な記事をほとんど補わなかった。そのため、高句麗本紀は、初期記事が豊富なのに、広開土王代以下は中国史料にほとんど依拠するという、みるかげもない貧弱なものになってしまったのである。

第二章　百済の編史事業

『史記』百済本紀始祖王紀には、本文と分注があり、その内容が異なる。本文では、始祖王は温祚であり、その父の朱蒙は北夫余を逃れて卒本夫余に至り、夫余王女と結婚して王位に就いたという。朱蒙は沸流と温祚の二子をもうけたが、北夫余ですでに生んだ長子が来たので、沸流と温祚は故国を離れて漢山付近まで南下し、別々に建国を試みたが、温祚だけが成功し、百済を建国したという。これに対し、分注所伝では、始祖王は兄の沸流であり、その父も朱蒙ではなく、北夫余系の優台で、母の卒本人女召西奴は、朱蒙と再婚して沸流と温祚を生んだことになっている。またこれとは別に祭祠志には、始祖王の名は東明であるともされており、その名は『続日本紀』延暦九年（七九〇年）秋七月辛巳条に、百済王氏仁貞らの上言に百済始祖王としてみえる都慕と音通であるらしい。このように、百済始祖王をめぐる問題は一見、混沌としているが、それは史書編纂時の各段階の政治的事情に関係するのであるらしい。

百済初期の墓制が高句麗式積石塚であることからすると、初期の百済建国神話は、高句麗出身の温祚が高句麗建国後間もなく、百済を建国していたと推定される。なぜなら、東明は本来は夫余王の名、沸流は朱蒙の征服地名で、百済独自の名は温祚だけであるからである。温祚はおそらく朱蒙の子で、卒本で生まれて南下し、先住勢力の沸流を服属させて、百済を建国したとされていたと推定される。したがって、その建国年は高句麗より一世代分遅くなり、結局、紀元前一八年の癸卯年と決定されたと思われる。

百済の史書編纂については、近肖古王紀末尾に、

古記云。百済開国以来、未有以文字記事。至是、得博士高興、始有書記。然高興未嘗顕於他書、不知其何許人也。

とあって、近肖古王代（三四六〜三七五年）に高興によって『書記』が編纂されたことがわかる。この早期の編纂事業には、なんらかの政治的理由が介在していたに相違ない。

近肖古王代は百済の発展期であった。それまで百済は高句麗に朝貢し、高句麗から「属民」視されてきたことが、『広開土王碑』を通じて推定されるが、近肖古王二四年（三六九年）・二六年（三七一年）に高句麗に戦勝し、二七年（三七二年）には餘（余）句の名で東晋と通交を開始した。「餘」とは明らかに夫余の略語で、これは百済王が高句麗出身ではなく、夫余出身であることを宣言したことにほかならない。延興二年（四七二年）に北魏に送った百済王餘慶（蓋鹵王）の上表文に「臣与高句麗源出扶餘」とあるのは、百済が高句麗と同源であるとしながらも、始祖王は夫余出身であることを主張しているのである。おそらく、高句麗建国神話の本源に遡り、高句麗と対抗して、夫余始祖王と同名の東明を始祖王に戴くようになったと思われる。もちろんそれは当時、高句麗始祖王がまだ東明聖王と追謚されておらず、夫余自身は高句麗の遥か彼方にあって衰残の極みに達していた、という現実的条件の下である。こうして建国神話は改作されたのであるが、その内容は、日神慕漱解（解は日の意で、接頭辞ともなった）が河伯女（『続日本紀』延暦八年一二月条末尾）との間に卒本夫余（卒本を夫余化した地名）で生まれた東明が南下し、沸流勢力を服属させて百済を建国したとあり、さらに卒本夫余の女との間にもうけた温祚が父を尋ねて来て、第二代王になった、としていたことが推定されるのである。その内容は高句麗建国神話をほとんどそのまま借用したのである。

『書記』は近肖古王代の政治的意図を反映し、東明による建国と近肖古王代に至る王統譜を書きあげていたと思われるが、具体的な記事がどれほどあったかは不明である。

四二七年（長寿王一五年）平壌遷都以後のいつの頃か、正式には六〇〇年の『新集』で、高句麗始祖王が東明聖王と追諡されると、百済の建国神話はまた動揺し、始祖王については、東明を都慕と表記を変えるか、温祚を復活させるか、または温祚の兄の沸流とするかの異伝が生ずるようになった。『周書』・『隋書』・『北史』（いずれも『隋東藩風俗記を原典とする』）などによれば、百済始祖王は夫余の東明後孫仇台となっているが、それは実在の夫余王尉仇台から考案された架空の人物に相違ない。

『新撰姓氏録』菅野朝臣条には、「出自百済国都慕王十世孫貴須王也」（貴須王は『史記』の近仇首王）とあるが、この「十世孫」は『史記』より一世代多い。前掲の百済王氏仁貞らの言に、「貴須王者、百済始興十六世王也」とあり、『史記』本文が近仇首王を第一四代としているのと異なる。二史料を合わせると、結局、日本に亡命した百済貴族の所伝では、百済初期三王を東明（都慕）・沸流・温祚と伝えていたのであり、これが完成された王統譜ということになるのであろう。

『史記』百済本紀の原史料は『旧三国史』であるが、その他にも高句麗と百済の関係をまとめた史料もあって、興味深い記事を補っている。前者は始祖王を温祚としており、後者は沸流としている。

第三章　新羅の編史事業

第一節　『国史』の編纂

新羅の修史事業については、真興王紀六年（五四五年）秋七月条に、

伊湌異斯夫奏曰、国史者、記君臣之善悪、示褒貶於万代。不有修撰、後代何観。王深然之、命大阿湌居柒夫等、広集文士、俾之修撰。

とあり、真興王は異斯夫の奏上により居柒夫などに命じて、本格的な『国史』を編纂させたとある。新羅の一大飛躍期であった真興王代は、また新羅編史史の画期ともなったのである。それでは、その時まで建国以来の記事がどれほど蓄積されていたのかが問題となるが、それについては炤知麻立干紀九年（四八七年）春二月条と祭祀志に、

置神宮於奈乙。奈乙始祖初生之処也（炤知麻立干紀）。

第二十二代智證王（五〇〇～五一三年）、於始祖誕降之地奈乙、創立神宮。以享之。（祭祀志）。

とあり、両史料には若干の差異はあるものの、ともかく五〇〇年前後に「始祖初生の処」（始祖誕降之地）である奈乙に神宮が創立されたことは事実に違いない、この始祖は『史記』が伝える、蘿井に降臨したとある始祖王朴赫居世居西干に相応するようにみえるが、始祖王はあくまでも人間であり、神ではないから、その祭祀施設を「神宮」というのは納得できない。神宮とは、始祖王を生んだ祖神を祀る施設であると考えねばならない。神宮の祭神が赫

居世であるとしても、それは始祖王として祠られたかどうかは、単純には断定できない。

この問題は、朴・昔・金の三姓が交立する（入り婿によって易姓を説明する）、『史記』の特異な新羅王統譜に関係するものと推定される。その内容を簡略化すると、始祖王朴赫居世は大卵の形で降臨し、六部の長に推戴されて、前漢孝宣帝五鳳元年甲子（紀元前五七年）に即位した。第四代は昔脱解尼師今で国姓が変わるが、その後は朴姓と昔姓が交立し、第一三代に金姓となるが、また昔姓に移り、第一七代の奈勿尼師今以下は、末期に神徳王・景明王・景哀王が朴姓を称したこともあるが（実際は金氏）、基本的には金姓に固定されている。神徳王らのこともあるが、奈勿尼師今（三五六～四〇二年）以降の国姓は、基本的には金氏であったのである。

ところで、易姓は一般的には王朝の変更を意味するので（中国の戦国時代にはそうでなかった場合もあった）、三姓交立系譜には大きな疑問がつきまとう。朴氏は六世紀の王妃を輩出したことになっているが、一般人としては七世紀後半頃になって史籍に登場し、それも高官ではない。昔氏に至ってはほとんど影もないのである。朴氏王・昔氏王は存在しなかったとみるべきなのである。したがって、朴赫居世は、ただ赫居世で、その名の示すとおり日神であり、かつ祖神であったのであり、最初の諸伝では、始祖王はのちに第二代王とされた南解であったと思われる。

王号についても疑問なしとしない。初代が居西干、第二代は次次雄、第三代からは尼師今、第一九代の訥祇からは麻立干、第二三代の法興王から王となるのである。麻立干は『秦書』逸文の符堅建元一八年（三八二年）の「楼寒」、『広開土王碑』の「寐錦」に通ずると考えられるので、実際に使用されたことがわかる。しかし、麻立干の使用はほかにみえず、寐錦が一般的であった。居西干・次次雄・尼師今は修史者の観念の産物であろう。始祖王の変更、三姓交立の作製は二次的なもので、それは『国史』以後の『新国史』であることは、後述のごとくである。

『国史』の始祖王は金氏の南解であったが、『新国史』で朴氏の赫居世に変更された。しかし、『史記』新羅本紀の始祖王紀には、南解による建国神話が基本的に反映されていると推定される。その内容はおよそ次のようなものであろう。つまり、日神赫居世が沙喙部（沙梁部）の蘿井（奈乙）に降臨してそこで成長し、水神の女閼英井を妃として、その間におそらく南解を卵として生んだ。やがて南解は喙部を征服してその地の月城を居城とし、その結果、六部人（新羅王都の支配者共同体）の推戴を受けて即位した。喙部征服のことは始祖王紀にはないが、それは昔氏始祖脱解尼師今即位紀に脱解の詭計によって達成されたとされている。それは昔氏王統を加えた『新国史』の作為であろう。前掲の奈乙始祖誕降記事の「始祖誕降」も本来は「祖神降臨」であったのである。一見してわかるように、その建国神話は高句麗神話の強い影響下にあったことがわかろう。

『迎日冷水碑』（五〇三年?）以後、今日まで知られた新羅金石文は、新羅六部のなかでは喙部・沙喙部が圧倒的に優勢で、『迎日冷水碑』の「喙斯夫智王・乃智王」・「沙喙至都盧葛文王」、『蔚珍鳳坪碑』（五二四年）の「喙部牟即智寐錦王」・「沙喙部徙夫智葛文王」によれば、寐錦王は喙部に、葛文王は沙喙部に所属した。しかも、牟即智寐錦王（法興王）は徙夫智葛文王（立宗葛文王）の実兄である。寐錦王と葛文王の家系はそれぞれ継承されたが、寐錦王家が断絶すると、葛文王家から新たに寐錦王が出、葛文王は新羅寐錦王の実弟に代わったらしい。新羅の六部は、事実上は、寐錦王一族が掌握する喙部・沙喙部が支配し、それはすでに寐錦王がその意志を貫徹する手段と化していたということができる。すると五〇〇年頃に一時的に成立した建国神話は、寐錦王と葛文王、あるいは喙部と沙喙部の神話であったということができる。

始祖王祭祀施設の建立や金石文によれば、六世紀初頭には新羅の建国以来の歴史がある程度整理されていたと推定されるが、それは真興王代になって『国史』として完成された。それは金氏王朝の歴史であって、赫居世在位六〇年を差し引けば、建国年は南解即位年の紀元後四年のことになる。

第二節　『新国史』の編纂

それでは、『新国史』（仮称）は、いつ、どのような目的をもって編纂されたのであろうか。時期については儒理尼師今即位紀の次の一文が参考になる。

金大問則云。尼師今方言也。謂歯理。昔南解将死、謂男儒理・婿脱解曰、吾死後、汝朴昔二姓、以年長而嗣位焉。其後、金姓亦興。三姓以歯長相嗣。故称尼師今。

これによれば、七〇〇年前後に活躍した金大問は、三姓交立について述べており、しかも「男儒理・婿脱解」の一句によって、それが入り婿を媒介にしたものであることを語っている。

「尼師今」という、特異な王号についても触れている。『新国史』の成立はこれ以前なのである。次に注目されるのは、六八二年の『文武王陵碑』によると、金氏の「十五代祖星漢王」が金輿に坐して祚林（始林・鶏林）に降臨したとあり、この「星漢」は六九五年頃の『金仁問碑』には「太祖漢王」、八七二年直後の『興徳王陵碑』には「太祖」とも称され、その先は少昊金天氏に遡り、ついには三皇五帝伝説に達するという。金氏系譜の極端な権威づけと漢式化は、朴氏始祖王の登場に相応するものといえよう。

ところでこの星漢は、味鄒尼師今紀にみえる金氏系譜とは必ずしも一致しないという問題がある。その系譜は、閼智・勢漢・阿道・首留・郁甫・仇道・味鄒と続き、そこから味鄒の弟の子の奈勿に至って金氏王統が確立するのであるが、星漢は閼智にではなく、勢漢に通ずるのである。『三国遺事』には、勢漢はAT漢と書いているが、「AT」の意は星の音に通じて光明の意味となるから、それはまた「赫」と同じく、太陽を表わすのである。つまり日神の祖神が分化して、赫とも星とも爇ともなったのである。結局、赫居世が朴氏始祖となったのに合わせて、勢漢が金氏始祖となったのである。閼智は新羅史料にはみえず、高麗時代に架上されたのである。開城の土豪を祖とする高麗王朝下では、少昊金天氏説は僭越であったのであろう。

『新国史』は、六世紀の王妃をほとんど朴氏とした。そこで朴氏の起源を説明する必要が生じたので、始祖王を朴氏（音で光明を表わす）としたともいえよう。しかしこれでは朴氏の存在があまりにも重くなる。その対策として考えられたのが、昔氏王統を中間に挿入することである。昔氏王とはそれだけのことであろう。

『新国史』は文武王代には完成されていたことは確実であろう。さらに、武烈王（六五四～六六一年）の廟号の「太宗」が星漢の「太祖」を前提にしており、また武烈王が即位した直後に父の龍春を「文興大王」に追封したことを勘案すれば、それは武烈王代のことであった可能性が強い。またそれは、武烈王代には中国王朝にならっての五廟制も実施されていたということを推定させる（朴淳教「新羅中代始祖尊崇観念の形成」姜仁求編『韓国古代の考古と歴史』ソウル、一九九七年。李文基「新羅五廟制の成立とその背景」鶴山金廷鶴博士頌寿記念論叢刊行委員会編『韓国古代と考古学』ソウル、二〇〇〇年）。

『新国史』があえて無理な改作を強行したのは、当時の新羅の政治的事情をぬきにしては考えられない。それはまず、族内婚を原則としていた新羅王族のなかで、六五四年に武烈王となった金春秋が加耶系の金庾信（実際は新金氏といわれ、区別されていた）の妹と結婚し、その間の男子を王二年に太子に立て、その太子が即位して六六一年に文武王となったことである。これは新羅史上の大問題となったので、族外婚の正当性を王統譜のなかで証明する必要性が生じたのである。また当時の新羅の対外情勢も強く関係していた。高句麗・百済の攻勢によって窮地に陥った新羅は、しきりに唐に支援を求め、同時に漢化政策を強力に進めた。とくに真徳王二年（六四八年）には金春秋が渡唐して唐太宗に謁し、唐制に従う旨を奏上した。そして翌年には唐の衣冠制を採用し、またその翌年には唐の年号を施行した。このような急激な漢化政策のなかでは、中国の同姓不婚の原則が模範とされる余地があり、実際、唐は当時の新羅王が女王であることを問題視していた。ある意味では彼此相応して、首尾がよかったのである。

『新国史』のその後の消息は遙遠としているが、その王統譜は『史記』に継承されたことはいうまでもない。

第二篇　日本（倭国）の編史事業

第一章　編史事業の概略的過程

現存する日本最古の史書は、『古事記』と『日本書紀』（以下、『記』・『紀』とする）で、それぞれ七一二年と七二〇年に成立した。前者は七世紀前半の推古代の簡単な記事で終わり、後者は七世紀末の持統代まで記録されている。推古代までの王統譜の基本的骨格は両書一致するので、両書は同一史料に基づいて、それぞれの目的をもって完成されたと考えられている。その史料とは、天武一〇年に諸王諸臣を集めて「帝紀」および「上古諸事」を記させ、中臣連大嶋・平群臣子首が筆録したという、その史料に相違ない。

しかし、天地開闢から七世紀までの史料がその時に一挙になったとはいえず、それまでに何段階かの史書編纂段階があったことに疑問の余地はない。初期一〇代の王統は、始祖王の神武から始まり、綏靖・安寧・懿徳・孝昭・孝安・孝霊・孝元・開化・崇神へと続く。神武建国のことは詳細な記事があるが、第二代から第九代までは系譜記事だけなので、普通、その時期を欠史八代と称している。孝霊から開化までの欠史後三代は、その名に「ヤマトネコ」を含むが、「ヤマトネコ」は持統以降に初めてみえるので、欠史後三代は天武代に挿入されたことがわかるが、欠史前五代にはそういうことがないので、その登場は、後三代より先行するのである。懿徳・孝安はその名に「オホヤマト」を含むので、前五代も初期史料にあったかどうかはきわめて疑わしい。始祖王の神武も検討の余地がある。なぜなら、『記』は崇神を「初国知らす天皇」と称しているからである。そして崇神代から「イリ」を名に含む王統譜が始まるが、それは開化と崇神の間に決定的な断絶があることを示している。

欠史八代には、信じがたい人間関係もみえる。例えば、孝安妃は父母不肖の姪の忍鹿ヒメで、孝元はウツシコヲの妹（ウツシコメ）と女（イカガシコメ）を同時に娶っている。開化は庶母のイカガシコメを妃としている。このようなことはありえないことで、それは、系譜の後補の過程での操作で生じたのに相違なく、当初は上に示すような系譜であったのである。

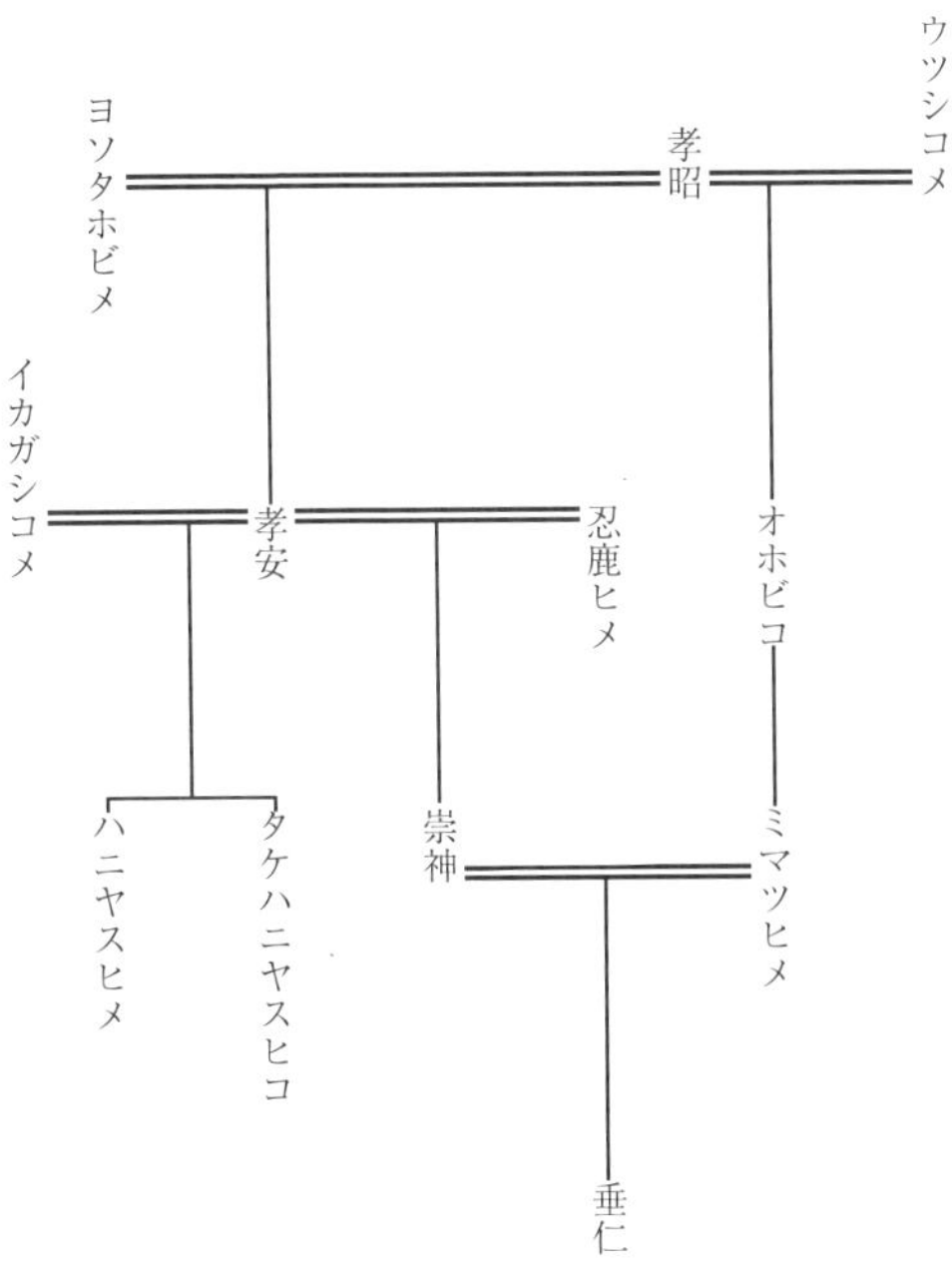

詳細な論証は省略せざるをえないが、結論的には、崇神を始祖王とする系譜とその物語が一次的に編纂され（系譜一と称する）、次に始祖王を神武として（後述）、さらに欠史前五代を挿入した史書が編纂され（系譜二と称する）、さらに欠史後三代を挿入した史書が天武代に編纂された（系譜三と称する）。

さて、六二九年即位の舒明の名はオキナ

ガタラシヒロヌカといい、六四二年に即位した次代の皇極（斉明）の名はアメトヨタカライカシヒタラシヒメという。舒明の父は忍坂日子人太子で、その母の広姫は息長（オキナガ）氏出身であった。舒明以下の王はみな忍坂日子人太子の子孫であったから、太子は後に「皇祖」とみなされ、息長氏が重視された。舒明以下を息長系王統というのもそのためである。舒明の名に「オキナガ」が含まれているのはそのためであるが、同時に「タラシ」が含まれ、それは皇極にも及んでいる。王統譜には、「オキナガ」と「タラシ」の人物が頻出するが、西條勉氏（『古事記と王家の系譜学』笠間書院、二〇〇五年）は、両者は不可分の関係にあり、それらの人物は舒明代以降に加上編入されたという。そこから出発して、第一二・第一三・第一四代の景行（オホタラシヒコオシロワケ）・成務（ワカタラシヒコ）・仲哀（タラシナカツヒコ）と仲哀妃の神功（オキナガタラシヒメ）も、舒明以降の産物と主張する。ただ、仲哀は原系譜にあったが、その名はオホタラシヒコで、「タラシ」だけが付加されたとみる。拙見は、「タラシ」は系譜二、「オキナガ」は系譜三に関係し、王統譜は三段階にわたって形成、改変されたと推考するが、それについては次章に譲る。

第二章　王統譜とその物語の展開

第一節　「イリ」・「タラシ」・「オキナガ」

系譜一の成立は、始祖王の確定、換言すれば、伊勢神宮の創建と密接な関係がある。神宮祭祀のことはすでに崇神紀にみえるが、それは後世の造文である。神宮祭祀のために斎王（斎宮）が派遣された時期がその頃と考えられるが、確実な例は欽明代（五四〇～五七一年）の磐隈王女である。欽明の父王は継体であるが、倭国の王家は、以後、継体王統として確立するのである。五世紀の王統はまだ動揺していた。

五世紀までの倭王権の所在地はヤマト・河内であったが、継体は近江出身であった。そしてその主要基盤は近江・北陸・尾張で、その地方の豪族と姻戚関係を結び、ついには畿内勢力を圧倒して、倭王仁賢の女の手白髪郎女を娶り、ヤマトのイワレで即位した。系譜の仔細な分析によれば、継体は即位前にすでに手白髪郎女の姉の春日山田と結婚していたとも推定される。『隅田八幡神社人物画像鏡銘』の「乎（男）弟王」が継体で、「癸未年（五〇三年）」に「意柴沙加宮」（イワレ付近）に居住していたとするなら、『紀』は継体即位年を五〇七年としているが、実は五〇〇年頃にすでに即位したといえる。その可能性は決して少なくない。

継体は王妃・王子のために各地に「部」を設置し、淀河流域を掌握して末年には九州の磐井を鎮圧して屯倉（倭王権の直轄地）制を開いた。継体から欽明に至る時期には、全国的に部制と屯倉制が展開され、倭王権の一画期を迎えた。

従来の倭王権の中心勢力は、ヤマト・河内の豪族であった。その中心地は、ヤマト東南部の三輪山麓のイワレ付近で、王権の神は三輪大神であった。しかし、いまや倭王権の基盤は全国的なものとなったので、国際的にも威厳のある倭王の祖神と始祖王が要求された。祖神は日神のタカミムスヒ（ムスヒは慕漱解と無関係ではない）、始祖王は日神が降臨して水辺の聖処女タマヨリビメに生ませたミマキイリヒコイニエ（崇神）となり、三輪大神は王権の軍神とも祟り神ともなった。「ミマキ」とは三輪山の神杉を、「イリ」とは始祖王が外来者であることを意味する。

祖神を祀る神宮は伊勢に建立された。それは祖神を三輪大神からひき離すためでもあり、継体と深い関係のあった大勢力の尾張氏の居住地とヤマトの中間地帯でもあったからと想像される。そのうえ、その地は関東展開の拠点ともなりえたからであろう。

『記』・『紀』に始祖王とされた神武は、九州から瀬戸内海を渡り、紀伊半島を迂回して熊野・吉野を通って、イワレに入った。途中、なぜか直進せず忍坂に回っているが、この地で最大の戦闘をくりひろげている。河内から直ちにヤマトに向かわなかった神武東征の行程は謎に満ちているといわねばならない。そしてまたヤマトの橿原で即位した神武の名がカムヤマトイワレヒコで、そこになぜ「イワレ」がふくまれるのかも謎である。神武はイワレの人物であり、決して初めから始祖王とはされていなかった。イワレヒコは最初、三輪大神の子で、ヤマトを平定した英雄の名として伝承されていたのであろう。イワレヒコ出生の伝承は、系譜一の頃には、王権の知るところとなって崇神の義父となり、イワレヒコ伝承は後に崇神記の三輪山伝説と崇神紀の箸墓伝説の素材になった。

系譜一は、およそ次のような建国神話を語っていた。祖神降臨の地はもちろん伊勢であり、崇神は伊勢で生まれた。祖神タカミムスヒは始祖王崇神を残して昇天した。成長した崇神は祖神から神剣フツノミタマを拝領し、その神助を得て反抗勢力を鎮圧してイワレに入り、三輪大神の子のイワレビコと大国魂神の女のイスケヨリビメの間の女、忍鹿ヒメを娶り、ヤマトを平定した。系譜二で神武が忍坂に迂回したのは、系譜一の物語を無視できなかったからである。第二代の垂仁は伊勢神宮祭祀を確立し、第三代が、欽明代の倭王権の勢力範囲である北九州から関東地方まで征服した。ところが、第三代は景行であるが、実際に東征西征したのは、景行の子のヤマトタケルであった。それ自体はあえて異とすることはないが、景行の名が「イリ」を含まず、異質的な「タラシ」を含むので、ここには系譜上の複雑な問題が絡んでいるのである。

『釈日本紀』所引『上宮記』一云は、推古代に原型が整えられたと推定されるが、現行系譜が九世代とされる垂仁〜継体が、八世代となっていて、一世代の差が認められる。一方、継体を応神の五世孫とする現行記述は、「一云」の世代数と一致するので、一世代の差は垂仁〜仲哀の間で生じている。また、イリヒコとイリヒメは、本来、兄妹関係を示す一対の名であるが、現行系譜ではしばしば異世代関係として現われるので、それを兄妹関係に復元すると、景行はその位置を失うということがある。以上の論拠をもって西條氏は、景行・成務（タラシナカツヒコ）は、「タラシ」王として、舒明以後に挿入され、王であったヤマトタケルが、王子のまま悲運の最後をとげ、その代わりにヤマトタケルの弟の成務が即位するようになったとするのである。景行・成務が挿入されたのが舒明以後とするのは、まだ検討の余地があり、西條説には卓見が少なくないが、疑問も多い。

まずヤマトタケルは、その名に「イリ」を含まない点であるが、本来はそうでなく、クマソタケルを征服したのを機縁としてそういう別名を称し、それが一般化したのであろう。垂仁の王子にイニシキイリヒコが存在し、王者の風を備えていることが指摘されているが、系譜一では、ヤマトタケルも垂仁王子であったので、このイニシキイリヒコがヤマトタケルの本名で、第三代倭王であった。この王は東征西征後、ヤマトに帰り、治績を残したのである。

第二に、ヒコイマス系譜の問題がある。その系譜はオキナガ系のヒバスヒメが異世代婚を通じて垂仁妃となり、また別途に、崇神弟のヒコイマスの子孫が息長宿祢を経て神功（オキナガタラシヒメ）・応神に至っているから、それは系譜三である。実はそれは系譜二を改作したもので、系譜二の原初の目的は、ヒコイマスの孫女のサホビメやヒバスヒメをヤマトタケルに配することであった。ところが、途中で景行・成務を補充したので、サホビメ・ヒバスヒメを景行妃・成務妃に上げた。さらに系譜三は、サホビメ・ヒバスヒメも垂仁妃に変えたのである。つまり、ヒコイマス系譜は、系譜二として作製されたのであるが、系譜二にも二段階があって、「一云」は、系譜二の前段階に相応し、その目的は継体を父方で応神五世孫、母方を垂仁子孫とすることであった。系譜二は、推古・舒明二代、実質的には蘇我氏の馬子・蝦夷父子によって編纂されたが、「タラシ」王統は系譜二後半で蝦夷が加えたと思われる。『隋書』によると、七世紀前半の倭王はアメタラシヒコと通称されていたから、「タラシ」の王が系譜二に出るのは、自然なことなのである。その最大の理由は、系譜二では蘇我氏の始祖が「タラシ」の景行であったということにある。その景行こそ、九州から関東までを征服した偉大な王であるということである。前著で筆者は系譜二段階説を唱えながらも、前段階に景行を挿入するというミスをおかした。西條説はそこをついてなったものと思う。

第三に、タケノウチ宿祢系譜がある。タケノウチは、蘇我氏・葛城氏ら九氏の祖で、その父はヒコフツオシシで、祖父は孝元となっている。これは世代を極端に無視した系譜で、タケノウチは、系譜二で蘇我氏と葛城氏の共通の始祖として創作された人物で、その祖父は景行とされていた。系譜三は、景行とヒコフツオシシの父子関係を断とうとしたのである。系譜二の王統は、崇神・垂仁・景行・成務（ワカタラシヒコ）・仲哀（タラシナカツヒコ）・応神へと連続していて、ヤマトタケルは、成務の弟にしか過ぎなくなったのである。舒明とその妃の斉明に「タラシ」が含まれているのは、系譜二ですでに「タラシ」を含む名が記載されていて、系譜三で「オキナガ」が付加されたといえるであろう。

第二節　系譜一・二・三とその物語の成立

西條氏は『宋書』にみえる五世紀の倭五王の名、讃・珍・斉・興・武は、倭王名の訓読であり、その倭王は必ずしも現行系譜とは一致しないと述べた。そして讃はホムヅワケ（応神）、珍はヌカタ（額田大中日子）、済はスミノエ（墨江中津）、興はアナホ（安康）、武はワカタケル（雄略）であるが、のちにその王統譜は変更されたと説いた。行論の便宜上、西條説を導入して、次に想定される崇神から欽明に至る系譜一を次頁に提示する。

崇神の妃は忍鹿ヒメと尾張のオホアマビメの二人である。忍鹿はおそらく三輪山麓の忍坂であろうが、系譜二で孝安妃とされたので、出自不明になってしまった。その系譜二は二二頁掲載系譜のようであったはずで、そうするとイカガシコメの奇怪な系譜関係の謎が解ける。タケヤスヒコとハニヤスヒメも兄妹となって、自然な関係になる。崇神・垂仁・ヤマトタケルは、外部から妃を迎えており、族内婚をしなかった。難解なのはカグロヒメで、以前から論議が多いが、「記」に応神妃とされている系譜が残されており、その女に忍坂大中ヒメと登富志郎女が存在し、かつ、忍坂大中ヒメは践坂大中ヒメ（「一云」）と同一人物と思われるので、カグロヒメはヤマトタケルと近江の柴野ヒメとの間の女で、応神妃になったというのがもともとの所伝である。そして系譜一では、カグロヒメの二女はヌカタ妃となり、前者はスミノエを、後者は田宮中ヒメを生んだ。応神は河内出身で、「イリ」系の王族ではなく、尾張系の高木イリヒメをも娶って、入り婿となって、「イリ」王統を継承したのである。それは、継体の始祖が近江の意富々等であって、まだ応神五世孫とはされておらず、仁賢に婿入りして前王統を継承したとしていたので、その先例として応神の入り婿系譜が構想されたのである。仁賢はもとは王族ではなかったが、葛城氏出身で、その父母の名は史実を反映していると思われる。

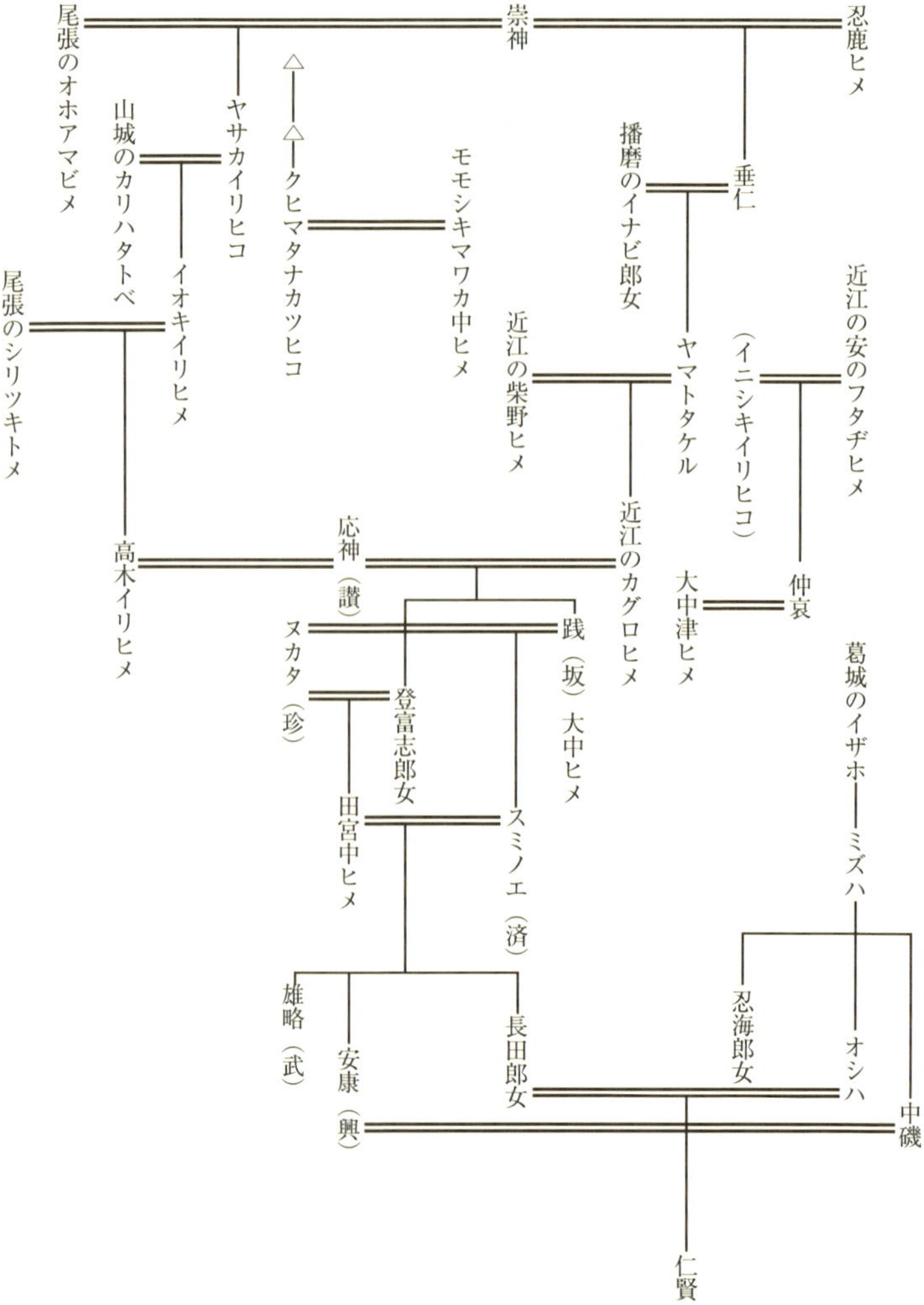
忍鹿ヒメ
崇神
尾張のオホアマビメ
垂仁
播磨のイナビ郎女
ヤサカイリヒコ
山城のカリハタトベ
△
△
クヒマタナカツヒコ
モモシキマワカ中ヒメ
イオキイリヒメ
尾張のシリツキトメ
近江の安のフタヂヒメ
（イニシキイリヒコ）
ヤマトタケル
近江の柴野ヒメ
近江のカグロヒメ
仲哀
大中津ヒメ
応神（讃）
高木イリヒメ
践（坂）
大中ヒメ
ヌカタ（珍）
登富志郎女
田宮中ヒメ
スミノエ（済）
葛城のイザホ
ミズハ
忍海郎女
オシハ
中磯
長田郎女
安康（興）
雄略（武）
仁賢

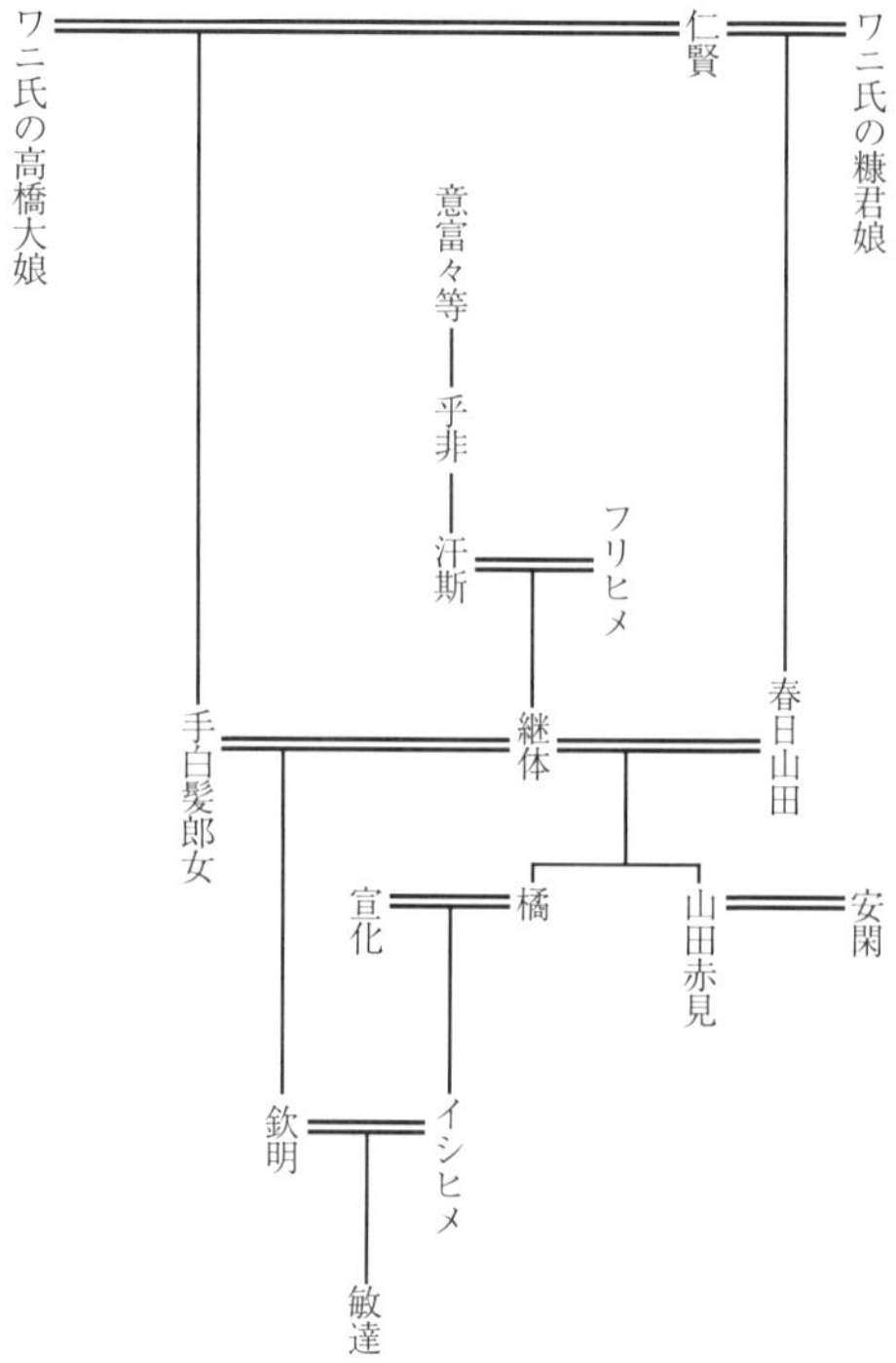

ここで注目されるのは、応神・継体・仁賢の他系の王の場合は、三代の先祖が記載されていたということである。応神の第一・第二代祖は不明であるが、それは系譜操作の過程で消されたのであろう。

系譜二の前半は、すなわち「一云」で、それによると応神の名はホムツワケで、継体はその五世孫になっている。系譜二の後半では、景行をはじめとする「タラシ」王統が出現し、継体にならって応神は仲哀（タラシナカツヒコに改名）と神功（オオタラシヒメ）の間の子とされ、その名もホムダワケと改められた。その理由はおそらく、応神陵が誉田陵と決定されたからであろう。応神は一世代下げられながら、「イリ」王系の直系とされた。行き場を失ったホムツワケは、唖の王子、垂仁の子として登場し、ヌカタは王の座を失うことになる。

「一云」は、践坂大中ヒメと登富志郎女（フジハラコトブシ郎女）を一代下げ、田宮中ヒメを合わせて三姉妹とし、三姉妹を継体始祖の太郎子（意富々等）の妹とした。そのねらいは、この三姉妹をスミノエ妃とすることにあったのであろう。

一方、系譜二では、葛城氏を継承した蘇我氏によって、葛城系王統が創出された。応神は葛城のノイロメを娶り、その子のイザホは履中、孫のミズハは反正となった。五世紀の王統は一旦、応神・履中・反正・スミノエ・安康・雄略・仁賢の七王、そして反正とスミノエ、安康と雄略は、同世代の兄弟とすれば、五世代となり、継体を含めれば六世代となるので、計算が合うことになる。

しかし、これでは解決できない問題があった。なぜなら、仁賢は決して応神の直系子孫ではないからである。そこで仁賢を直系倭王とするために考え出されたのが、オシハを履中の子とすることであった。そのためには履中の世代を一代下げ、反正・スミノエの兄とすることである。これで仁賢は応神の直系子孫になったが、そうすると、応神と履中の間で一世代の空白が生ずるという、新しい問題が提起される事態となったのである。その空白を埋めたのがオオサザキの名をもち、葛城のイワノヒメを妃とする仁徳であった。王統譜の改変にともなって陵墓が新たに指定されたのであるが、仁徳・履中・反正陵は、毛受の三大墓に指定された。理由は省くが、スミノエの母はワニ氏の女とされたので、別扱いを受けたと思われる。仁徳こそ、葛城氏の女を母にもつ最初の倭王で、さらに葛城氏出身のイワノヒメとの間に履中らを生んだ葛城王系始祖であったので、最大の陵墓が仁徳陵に決定された。「オオサザキ」とは、「大陵」の意に他ならない（直木孝次郎『飛鳥奈良時代の研究』塙書房、一九七五年）。

系譜二は、応神を仲哀の子とし、継体を応神の五世孫とした。ここには王統譜を一系にしようとする意志が確認されるが、神武と欠史前五代を架上するなどの造作もためらわなかった。それは適当に改変したというものではなく、なにか基づくものがあったと思われる。そこで想起されるのが、高句麗王統譜である。系譜一は崇神を第一世代として、七世紀前半の推古を第一一世代としていた。同じ七世紀前半の高句麗嬰陽王は、始祖王から数えて第二〇世代の一系孫で、それに比べると倭国の王統譜の貧弱さは覆うべくもなかった。それに建国神話も、高句麗神話のように雄大でなければならなかった。ここに新たにタカミムスヒが北九州に降臨し、始祖王として神武が北九州で誕生して東征し、橿原で建国するという物語がつくられた。イワレヒコが橿原で即位したという謎も、推古以下の宮居が橿原付近であったからであるということで納得される。結局、神武とそれに続く欠史五代、景行一代を加え、応神を一代下げて、推古を第一九世代としたのである。世代数とは関係ないが、武烈・安閑・宣化の三王を加えたのもこの時といえよう。当時、高句麗と倭は友好関係にあり、使節の往来だけでなく、恵慈や曇徴などの高僧が來倭し、政治的にも文化的にも大きな影響を与えていた事実を考慮する必要があるであろう。

系譜二のもう一つの目的は、景行・成務・仲哀・応神妃の神功（オオタラシヒメ）というタラシ系王統と、葛城氏の女性を妃とした履中・オシハとその子の仁賢へと続く葛城系王統を構想し、その両系を継体が継承し、蘇我氏はタラシの始祖的人物である景行の後裔であることを主張することにあった。

系譜三の最大の特徴は、「オキナガ」の強力な介入である。ヤマトタケル系譜もイコイマス系譜も甚だしい変容を遂げたが、オキナガ系の允恭を履中らの末弟として新たに加え、その允恭の妃に忍坂大中ヒメを配し、安康・雄略らが生まれるというのが、その最たるものであろう。かくしてスミノエは追放される。女傑オオタラシヒメもオキナガタラシヒメと改名された。「ヤマトネコ」を名に含む清寧が挿入されたのもこの時である。

系譜三は、欠史後三代を挿入した。それにも特殊な事情があったはずである。『新撰姓氏録』左京諸蕃下には、「和朝臣。出自百済都慕王十八世孫武寧王也」とあるので、倭国に亡命した百済貴族の間では、七世紀前半の武王は第二三世であった。系譜三はこれに対抗して欠史後三代を補い、推古を第二二世としたのである。

系譜三で、祖神はタカミムスヒからアマテラスに変えられた。これにともない、タカミムスヒは宮中八神殿に祀られることになった。アマテラス信仰はタカミムスヒが伊勢を離れたことにその一因があったのであろう。かくして天地開闢と高天原の展開、出雲神話の挿入が企てられ、壮大な神話的物語が完成されたのである。

残る重要問題は、系譜各段階での建国年がどうなっていたかである。『記』・『紀』には部分的に欠落があり、両者の所伝に相違もあるが、倭王の没年と没年齢、治世年が記録されている。それをみると、応々にして百歳を超える王が存在する。この不自然さは、干支操作によるもので、それをもとに戻して調整し、かりに神武建国を辛酉年とすると、系譜一では三〇一年、系譜二では一二一年、系譜三では六一年となる。『記』は干支を二運繰り上げて神武建国年を紀元前一世紀とする構想をもっていたとみられるが、『紀』は編纂の最終段階で神武建国年を紀元前六六〇年と大幅に溯上させたのである。

第三節　神功物語の形成と展開

一　神功物語の形成

『紀』は、朝鮮の人名や地名を数多くあげながら、朝鮮での神功の活発な征討を語り、新羅・百済・高句麗を降伏させる「三韓征討物語」を叙述しているが、それは後述のように、『紀』編纂過程の造作である。その反面、『記』は天武記定本（系譜三）の原話を基本的に反映していると考えられるので、『記』に従ってまず考察することにする。

クマソが反乱を起こしたので、仲哀はクマソを討とうとするが、筑紫のカシヒの宮でアマテラスの意を受けたスミノエ（住吉）三神の託宣が降り、クマソの前に新羅を討てと命ずる。命令に従わなかった仲哀は急死し、代わりに妃の神功が神を祀り、男装して新羅に向かうと、無数の魚が出てきて一挙に新羅の王都に至った。新羅王は恐れて降伏し、馬飼いとして永遠の朝貢を誓った。その時に百済も同時に渡の屯倉と定めた。神功はすでに懐妊していたが、鎮懐石をまとって出産を遅らせ、筑紫のウミで応神を生んだ。その石はイト村にあるという。また、マツラで鮎釣りをしたともある。それによると、帰国した神功はただちにナニワに向かわず、カシヒから南下し、さらに西北方のイト・マツラをめぐったというのである。その後、神功はナニワでカゴサカ・オシクマ二王の反乱を鎮圧したとあるが、その点は省く。

『紀』の内容は『記』とは異なる。神教の後、神功はそれに従わず、先にクマソ征討に向かっているのである。これでは仲哀の死の意味がなくなる。神功はクマソを討ってヤスまで南下し、そこから西行して山門に至り、さらに北上してマツラに至った。文章の流れからすると、神功はマツラからさらに西行してイトに行き、そこで鎮懐石をえ、そののちようやく新羅を討って、帰国後にウミで応神を生んだことになっている。両者の内容の相違は著しい。

この相違は物語の成立が二段階を経ていることを示している。第一段階は系譜二の時である。カシヒの宮で仲哀にクマソを討てとのタカミムスヒの神教がおりたが、仲哀が従わなかったので、神罰を受けて急死した。そこでオホタラシヒメと呼ばれた神功にタカミムスヒの託宣が下り、その意を受けた神功がクマソを討って、北九州を一周したのである。そのコースは『紀』の反対で、まずイトで鎮懐石をえて、そこからマツラ・山門・ヤスをめぐり、ウミで応神を生んだとあったとせねばならない。

系譜二で応神は継体五世祖として神格化された。そのため、仲哀は急死し、応神はタカミムスヒとオホタラシヒメの間の子のように描かれた。さらに神功征討物語を具体化するために、系譜一のタマトタケルの西征コースを借用したと思われる。なぜなら、ヤマトタケルの東征には具体的な地名が羅列されているが、不思議なことに西征コースには地名がなく、ただ女装してクマソタケルに接近して刺殺したとあるだけであるからである。神功物語のために、ヤマトタケルの西征コースは削除されたといえる。

系譜三で、クマソ征討物語は新羅征討物語に改変された。その歴史的背景は、白村江戦後に日本に亡命した百済貴族は、善光を中心に亡命政権を樹立したが、天武代には臣属化し、やがて百済王氏の成立によって、完全に天皇の臣下となったことである。これを基礎にして、百済王は天皇が任命し、その領土も天皇が賜与したものという構想がうちたてられた。しかし、七世紀後半には旧百済領は新羅が支配していた。そのため、天皇の百済領賜与を事実化するためには、悠久の昔に遡って、天皇が新羅を討ち、旧百済領を日本の屯倉に定めたという物語が必要とされたのである。そしてその主人公としては、遥か昔にクマソを討った神功以外にはいなかった。そうすると、応神は「胎中天皇」の身で新羅・百済を服属させた偉大な王として英雄化され、それはまた継体にも及ぶのである。物語は改変されたのである。

物語は次のようになった。クマソを討つためにカシハラに在住した仲哀に、アマテラスの意を受けたスミノエ（住吉）三神の託宣が降り、クマソの前に新羅を討てと命じた。ところが仲哀はそれに従わなかったので、神罰を受けて急死した。そこで懐妊中にもかかわらず、オキナガタラシヒメと改名された神功が新羅を討ち、百済を屯倉としたのである。神功の新羅征討譚は天武代の造作の産物なのである。そして高句麗をも加えて「三韓征討譚」となったのは、「紀」の編纂過程である。

二　神功物語の展開

神功物語は、誇張されながら後世に大きな影響を与え、朝鮮蔑視観の重要要素となった。そこでここで、本題から離れる感はあるが、その後の展開過程を概観しておきたい。

八世紀になると、次第に神仏習合の現象が現われ始まるが、その先駆であり、チャンピオンであったのが八幡神である。八幡神は隼人征討の守護神として豊前の宇佐で創出されたが、征隼人持節大将軍や大宰帥に就任した大伴旅人を中心とする大宰府の官人が、藤原氏に影響を与え、七三〇年頃にその神体を誉田皇子霊（応神）と定め、鎮西の軍神、仏法擁護の至高神と定めた。その理由は、応神は神功の胎中にあって新羅を討ち、凱戦後に九州で誕生したからにほかならない。「八幡」とは八本の軍旗を意味し、それは唐の軍制を参考にしたものらしい。八幡神は七四一年に出家して八幡大菩薩となった。

八幡神は東大寺大仏の鋳造に際して、すべての神祇を率いてその成功に寄与したとあり、その功により、大仏本体の鋳造が完成した七四九年に宇佐から都に勧請され、宇佐神は七四一年に宇佐八幡宮と称された。さらに八六〇年には平安京近郊の男山に勧請されて石清水八幡宮と称され、王城鎮護の神、伊勢神宮につぐ国家第二の宗廟となった。石清水八幡宮の成立は、同時に神功英雄視、あるいは「三韓征討」の史実としての確信が深く浸透していたことを示す。

八幡神発展のもうひとつの契機は、武家の源氏が八幡神を氏神とし、一一八〇年に鎌倉に鶴岡八幡宮を建立したことである。そして鎌倉時代には守護・地頭により八幡神は全国的に勧請され、源氏の氏神から武家・武門の神となった。室町幕府を開いた足利氏も源氏の一流であったので、その時代にも八幡信仰はひき続いて高まり、それは同時に神功物語が拡散してゆく要因となった。

八幡信仰が高まるなかで、応神が生まれた九州を中心に、八幡宮とその母の霊験譚がいろいろとつくられた。鎌倉時代にはそれは石清水で蒐集され、一二七四年と一二八一年の蒙古襲来後の間もなく、それは『八幡愚童訓』の甲本と乙本として集大成された。蒙古襲来の際の八幡神の「百王鎮護異賊降伏ノ大菩薩」としての、その霊験譚が語られたばかりか、古代とは異なる、中世的神功物語が叙述された。それらを要約すると、最初に塵輪という鬼神が来襲して仲哀を殺したこと、神功（香椎大明神、香椎は石清水の末社）が高麗（新羅）征討に当たって、まず四王寺山に登って祈願したこと、住吉大神だけでなく、肥前の河上大明神も同行したこと、この河上大明神が竜宮から干珠・満珠を請来したこと、楽を好む志賀島の鹿嶋大明神の安曇イソラを梶取としたこと、干珠・満珠を用いて高麗王を屈服させたこと、高麗王は「我等此則日本国為犬而守護日本国」などと誓ったこと。岩石に「高麗国ハ日本国ノ犬也」と書き付けて凱旋したが、これが犬追物の起源になったこと、さらに厳島・宗像・諏訪・熱田・三島・高良の大明神と宝満大菩薩が影向したこと、また安曇イソラは「カシマ（シガシマ）」を根拠に常陸の鹿嶋大明神、ヤマトの春日大明神と同体とされ（両社は、藤原氏の氏神）、この両神も同行したことになっている。その特徴は、全国の主要な神々がみな神功に随従したこと、そしてそこに高麗に対する畜生観がみられることである。『八幡愚童訓』の影響は大きく、八幡関係神社だけでなく、影向神関係神社もことごとく自社の神を神功に結びつけた縁起譚・霊験譚をつくって喧伝したのである。

近世には、中世的神功物語が祭礼や舞台芸能にともなってより深く浸透する一方、木版印刷の発展により、知識層の間では『紀』の神功が主流となった時期でもある。ここでは主に前者の場合について述べてみたい。

注目されるのは祭礼である。とくに日本三大祭と称された京都の祇園祭、江戸の日枝山王権現祭・神田祭の曳山に中世的神功が登場し、民間に浸透したことである。その先駆となったのは、京都祇園祭である。祇園祭の文献的所見は九九九年が最初であるが、山鉾（曳山）が開花するのは室町時代で、『祇園社記』には、応仁の乱以前の山鉾名が記されていて、そこにはすでに「しんくくわうくうの舟」の存在が明記されている。それは江戸時代に継承され占出山と出征船鉾・凱旋船鉾の三基となった。占出山は神功が出陣する前に鮎を釣る人形であるが、一六七四年の「縁起」には、『太平記』を引用して、旱珠・満珠の使用、「高麗乃王」を「犬」と岩に刻んだことを記している。出兵自体をモチーフとした二基の船鉾については、一七五七年に刊行された『祇園会細記』の図には、館の中に神功が鎮座し、その背後に鹿嶋明神、前に大将軍の住吉大神が立っている。そして船の舳先に住吉明神と正対しているのが、海神の安曇イソラである。祇園祭は現在まで盛行しているが、凱旋山鉾は中止されている。とはいえ、出陣山鉾は山鉾巡行を締めくくり、強い印象を与えているのである。

江戸の天下祭りとして隔年交代で執行されたのが、神田祭と日枝山王権現祭である。山王祭は四六番、神田祭は三六番で、幕府公認の祭礼として、江戸城内へも巡行し、将軍を始め幕府要人の上覧を受けた。元禄期の曳山には神功はまだ登場していなかったが、ただ一度だけの天下祭りとして一七一四年に行なわれた根津祭りに、五番として「神功皇后の屋台」、二〇番として「神功皇后馬乗りの屋台」がでており、それが神功登場の嚆矢であったらしい。龍ケ崎市民俗資料館所蔵の『神田明神祭礼絵巻』には、一七八九年以前の神田祭の様子が筆写されている。そのなかの七番に「住吉明神の山車」、三一番に船形の神功の「三韓攻の山車」が活写されている。このように、一八世紀には天下祭りに神功の山車(曳山)が出ていたことがわかるが、それは一八一二年の神田祭、一八三八年の山王祭でも確認されている。

近世には舞台芸能も発展したが、神功はその恰好な材料の一つになった。外題からそれとわかるものだけでも、一六九五年正月二日から大坂で「神功物語、附り、三韓退治」が、一六九七年三月には江戸で「一張弓勢三韓退治」が、一七一五年正月一〇日からは、大坂で「神功皇后三韓退治芦分船」が上演されている。年紀は不明だが、「神功皇后諫太鼓」の名も知られている。脚本が残っているものとしては、一七一九年初演の浄瑠璃本で、紀海音作の『神功皇后三韓責』がある。この作品には独自の脚色が多いが、なかで「三韓退治」・「三韓責」・「蛮族」などの語をしきりに用いている。そして干珠・満珠を用いて「三韓」を降し、岩に「三韓王は日本の犬なりと大文字に書き給」うとあるのは、中世的物語そのままである〈以上の近世部分は、〈塚本学「神功皇后伝説と近世日本の朝鮮観」『史林』七九―六、一九九六年〉と〈作美陽一『大江戸の天下祭り』河出書房新社、一九九六年〉などを多く参考にした〉。

近代になると、明治政府の朝鮮植民地政策の下で、神功と豊臣秀吉は史上最大の英雄として、小学校から教育を通じて国民全般に教えこまれた。しかし、秀吉は失敗者であったのに比べ、神功は遥か昔に朝鮮を服属させた日本第一の英雄であった。そのため、明治一四年から発行された日本最初の本格的紙幣は洋風の神功をその図柄に採用したのである。

現代でも京都祇園祭や住吉神社のパンフレット、それ以外にも神功について語る神社や伝説は決して少なくない。鹿島神宮の例大祭の祭神が神功であること、日枝社の祭礼は廃れたが、陳列館には神功と嬰児の応神を抱くタケノウチ宿祢の等身大の像が立てられていて、観客をギョッとさせている。残された課題はまだまだ多いのである。

第四節　仁賢・顕宗の物語

系譜一の当時、基本的に史実として知られていたのは、倭五王の名と継体即位事情ぐらいで、後者には関連事項として仁賢の即位事情も含まれていたといえよう。それにはまたオシハと安康・雄略が絡む。継体が仁賢を継いだのは、仁賢の代が絶えたか、継体の力が圧倒的であったからであろうが、仁賢即位の場合は複雑であったらしい。

『記』によると、その事情は次のようであった。安康が根臣を大日下のもとに遣わし、その妹若日下を雄略の妃に迎えようとした。喜んだ大日下は押木玉縵を捧げたが、根臣がそれを横領し、大日下が不遜な言葉で拒絶したと讒言した。怒った安康は大日下を殺して、その妻の長田大郎女を奪った。大日下の子の目弱はまだ七歳であったが、昼寝中の安康を刺し殺して葛城のツブラオホミのもとに逃げ込んだ。そこで雄略は目弱とツブラオホミを討って、兄の敵をとり、さらに「五処之屯宅（葛城之五村苑人）」を奪った。後日、雄略はオシハを狩りに誘い、なんという理由もなく、オシハを射殺してしまった。オシハの子のオケ・ヲケ兄弟は各地を流離したすえ、播磨のシジムのもとに隠れ住んだ。新室の宴の時、弟のヲケが歌いのなかで身分を明らかにするが、山部連小楯が中央に通報した。すでに雄略は死んでいたので、兄弟は葛城にいたオシハの妹忍海郎女、亦名飯豊に迎えられた。時の王の清寧には後嗣がなかったので、身分を先に明かしたヲケ（顕宗）が即位し、その次にオケ（仁賢）が即位した。

物語は三段階を経ている。詳細な説明は省くが、まず次に系譜二を掲示する。

まず、押木玉縵とその関連人物は系譜三で造作された人物であって、系譜二から省かれる。安康は大日下の妻の長田大郎女を奪って妻としたとあるが、長田は系譜一では安康の姉で仁賢の母であるから、それだけでもこれがある目的で後補されたことがわかる。

系譜一でヌカタ妃であった忍坂大中ヒメ・登富志郎女（フジハラコトブシ郎女）の姉妹は、一代下げられて田宮中ヒメの姉となり、同時に三姉妹は継体始祖の意富々等の妹とされた。応神妃のオトヒメマワカ以下はそのための挿入である。王でありながら父母を失ったスミノエは新たに仁徳妃として登場したワニ氏の八田若郎女の子とされた。

仁賢・顕宗兄弟は、実は一人が二人に分化したものといわれている。オケ・ヲケの名はそれに関係し、実名ではない。顕宗には子がなく、系譜的に浮いた存在であるばかりか、雄略の墓を発こうとして仁賢に諌められている。顕宗はこの復讐譚のために創造された人物といえるが、分化の理由はそれだけではなさそうである。ともかく実在の人物は仁賢で、その実名は顕宗紀冒頭分注に引かれた「譜第」に大石、仁賢紀本文に大脚・大為とみえるので、オホシと呼ばれたのであろう。

安康は長田大郎女の子で七歳の目弱によって殺されるが、大橋信弥氏は目弱物語全体がのちの虚構の産物で、そ

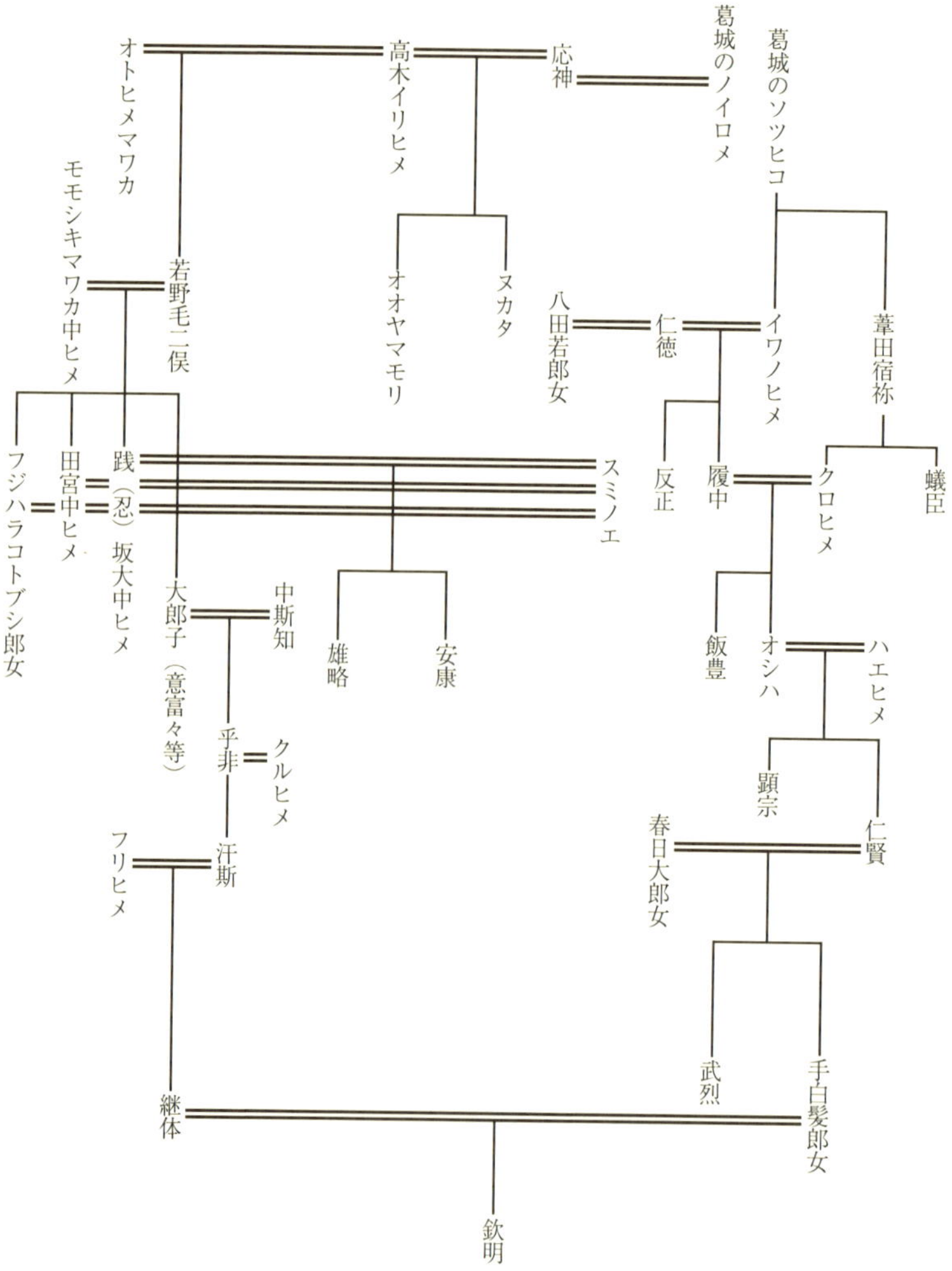
葛城のソツヒコ
葛城のノイロメ
応神
高木イリヒメ
オトヒメマワカ
ヌカタ
オオヤマモリ
若野毛二俣
モモシキマワカ中ヒメ
葦田宿祢
イワノヒメ
仁徳
八田若郎女
蟻臣
クロヒメ
履中
反正
スミノエ
践
(忍)坂大中ヒメ
田宮中ヒメ
フジハラコトブシ郎女
大郎子(意富々等)
中斯知
安康
雄略
ハエヒメ
オシハ
飯豊
乎非
クルヒメ
汗斯
フリヒメ
仁賢
顕宗
春日大郎女
手白髪郎女
武烈
継体
欽明

の目的は、オシハが安康を殺したという史実を改変するところにあったと説く（同『日本古代の王権と氏族』吉川弘文館、一九九六年）。しかし、オシハは実際は王族ではなく、また倭王を殺す力も意図もあったとは思われず、大橋説には疑問が残る。安康のもともとの妻は不明となっているが、雄略後に仁賢が即位している点からみて、以前から葛城氏の勢力は強大で、王家と姻戚関係があったとみるべきである。推定になるが、系譜二で履中妃にされた中磯こそ、オシハの妹で、安康妃であったのであろう。そして系譜一では安康・雄略の姉の長田大郎女はオシハの妻で仁賢の母であった。安康とオシハの敵対関係はなかったはずである。そうすると、安康と安康姻戚のオシハを殺したのは雄略で、目弱の殺人はそれを隠蔽するために創作された話なのである。雄略殺戮を隠蔽したのは、倭王を殺した人物が次の倭王になるということだけは避けねばならなかったからであろう。

仁賢・顕宗兄弟の流離物語もそのまま史実化できない。兄弟は播磨のシジム（シジミ）のもとで山部連小楯によってみつけられたとあるが、小林敏男氏は、『住吉大社神代記』に「葛城」の「志志見」という地名があるのを根拠にここが本来の舞台であったとする（同『古代王権と県・県主制の研究』吉川弘文館、一九九四年）。大橋氏も物語は「ひとつの王権史構想によって述作されたものであり、史実の断片も含まない」と説いた。兄弟とその妹の忍海郎女は葛城氏、あるいは仁賢即位後、葛城氏を継承した蘇我氏のもとにあって、男女の道に親しまず、葛城忍海の角刺宮に隠遁していた（清寧紀三年秋七月条）姨の青海郎女によって世話されたのであろう。忍海郎女が青海郎女とのちに同一視された理由はここにあったのである。

系譜二の著しい特徴のひとつは、「目」の物語が構想されたことである。目弱・ツブラ（つぶる）・ナガメヒメ（雄略妃）など、「目」の人物は数多い。忍海郎女も昼は目がみえないふくろうの意のイイドヨと改名された。「目」の人物にはワニ氏が多く、そのため系譜は大きく変化した。「目」の物語とともに、仁徳のオホサザキ（大雀）をもとに、ハヤブサ・メドリの「鳥」の物語もつくられた。興趣あるこれらの物語は文学的価値が高いと評価されている。

系譜二は、「目」の物語として構想されたが、なぜそれほど「目」にこだわったのであろうか。その点で注目される実在の人物は、厩戸（聖徳太子）の同母弟の来目（紀）である。来目はその名からすると、橿原の久米（記）の宮で蘇我氏同族を称する久米臣によって養育されたと思われる。六〇二年、来目は撃新羅将軍として出征したが、翌年、筑紫の嶋郡で不帰の客となった。厩戸は五七四年に出生し、六〇三年には数えで三〇歳であったから、来目はまだ二〇代の青年であった。『紀』所引の「譜第」には、兄弟の更名を嶋稚子・来目稚子としている。したがって、来目王子は来目の稚子として昇天したとも、嶋郡で亡くなったので嶋稚子として常世国に旅立ったとも観念されたのではなかろうか。

「来目」の名をもつ伝説上の人物に久米仙人がいる。久米仙人の伝承は、葛城山や葛城一言主神、橿原の久米の地と関連して伝えられている。また『万葉集』によると、摂津の姫島の松原や紀伊の美保の岩屋にクメノワクゴの口碑があったことがわかるが、松原・美保からすると、クメノワクゴは天女の子であった。久米仙人とクメノワクゴは同一人物で、天女の子のクメノワクゴが成長して久米仙人になったということであろう。クメノワクゴや久米仙人の資料を提示しながら山尾幸久氏が、その物語は「金剛山を仙境とする、渡来人の関与の著しい、外来思想による伝承であろう」、と推定したのは傾聴に価する（『古代王権形成史論』前掲）。さらに小林氏は、葛城山麓には忍海氏や朝妻氏などの金工集団が居住し、葛城カモ氏がその集団に薪炭を供給していたと指摘したが、山尾氏のいう外来思想とは、かれらがもちこんだものであろう。天女の物語は、後には主に海浜地方で語られるようになったが、葛城地方では早くから、葛城連峰のひとつであった金剛山に降りたった天女の物語があり、その子が辛酸をなめたのちに名乗りをあげて昇天した、という伝承があったことが推測される。その天女の子がクメノワクゴとなったのは、来目他界後のことであろう。そしてその天女の子は、葛城忍海の地からたって、唯一の葛城出身の王となった仁賢の姿に重ね合わされもしたのである。来目は早くから来目稚子・嶋稚子として分化し、それは仁賢の仁賢・顕宗分化に影響を与えたと思われるが、それは顕宗の復讐を仁賢が諌めるという話にも好都合であったのである。

兄弟はなぜ流離の旅に出ねばならなかったのか。それはおそく、雄略のもとから遠く離れねばならないということと、新王統を開いたということで、高句麗美川王流離物語がヒントにされたためであろう。暴虐な伯父の烽上王に父を殺された美川王は、身を卑しめて農家の傭作をしたり、時には濡れ衣を着せられながら、苦難の逃避行を続け、烽上王死後に迎えられて即位し、高句麗中興の英主となるのであるが、同じく父を殺されて試練を受けた兄弟は、流離の旅に出ねばならなかったのであろう。それが播磨であったのにも理由があったはずである。仁藤敦史氏によれば(『古代王権と都城』吉川弘文館、一九九八年)、厩戸とその子の山背大兄を中心に、法隆寺周辺に形成された上宮王家は播磨の各地に領地を有し、伊予や讃岐の各地にも多くの庄倉屋を所有していた。法隆寺の所在地の平群郡屋部郷(夜摩郷)は、山部連の居住地であることに示されるように、上宮王家は山部連に播磨に多く分布する山部を支配させていた。山部連は、各地の山君・山直を通じて、上宮王家のために木材を供給しただけでなく、土地の開発にも力を尽くしたのである。播磨への逃亡と山部連による兄弟の発見はこれに無関係ではなく、『紀』編纂時には系譜二に基づいた山部連氏の家記が参照されたことも確認される。

嶋稚子・来目稚子流離物語は、その内容からすると、上宮王家と蘇我氏、蘇我氏のなかでも山背大兄を推戴しようとした、蘇我馬子の弟の境部摩理勢らによって、構想されたのではないかと考えられる。とくに『紀』には、「境(坂合)」・「八瓜」と、摩理勢居地付近の地名を名に含む人物が登場するのは、摩理勢の介入を想定させる。その居地は高市郡軽の境で、久米に隣接していた。来目は摩理勢の保護下にあったとみてよいであろう。上宮王家や摩理勢のような人物によって、仁賢が葛城山麓の天女の子を媒介にして来目と結びつけられ、興趣ある「目」の、仁賢・顕宗物語がつくられたと考えられる。なにしろ、蘇我氏は葛城氏を継承した関係にあったのである。

来目と来目歌・来目舞との名の一致も偶然ではなかろう。『記』の建国神話によると、大伴氏の祖とともに久米直の祖が活躍し、来目歌（紀）がその物語のなかで重要な要素となっているので、従来から大伴氏と久米直の関係について論議が交わされてきた。しかし久米直とは、あくまでも地方の来目部の管掌者であり、中央周辺の久米直は、七一九年一一月に忍海手人らが久米直と改姓されたのが初見である。『新撰姓氏録』左京神別・右京神別にみえる久米直とは、この忍海手人の流れとみるのが穏当なのである。そもそも来目部がいつ設置されたかが問題であるが、雄略紀二年にみえる「来目部」は、編纂時の造作であって、その後も信頼できる史料はない。他方、来目連は、天武一二年九月に来目舎人造が来目連となったとあるのが初見である。来目舎人造の存在からは、来目部から来目舎人が上番して久米の宮に奉仕したことが推察されるが、舒明即位前紀の来目物部伊区比が来目部の初見である。来目部は物部としても使役されているが、本来は、王子の来目が養育された久米の宮に奉仕する集団として、設定されたとみるのが妥当であろう。

系譜一の建国神話では、大伴氏の祖とともに活躍したのは物部氏の祖であったはずである。それが物部守屋討滅直後の系譜二で、王子の来目を象徴するものとして、物部氏に代わって来目直の祖が登場したのである。その頃、来目氏としては来目臣・来目舎人がいたが、前者は蘇我氏同族を称し、後者は「舎人」をウヂ名に含むので、その祖が建国神話に出る立場にはなかった。そこで中央的には実体のない来目直が登場したのであるが、それが『紀』のように、大伴氏の祖が大来目を率いるとなるのも、自然の勢いというものであろう。

王子の来目は、系譜二では「目」の物語の核となっただけでなく、建国神話にもその分身が印象深く刻みこまれた。

遥かなる客地で二〇代にして早世した来目は、それだけに愛惜の念をもって追想されたのであろうが、『記』・『紀』に残されたその影は、想像以上に濃いものがあったのである。来目歌も、来目直や来目部の歌ではなく、飛鳥周辺の民謡が戦闘歌として改作され、それに王子の来目の名が付されたものであろう。大嘗祭で来目舞を奏上したのが久米氏ではなく、大伴氏と佐伯氏であったのも、もともと来目歌が久米氏の伝承歌でなかったのであるから、それはまた当然のことなのである。

それにしても、雄略の子ではない仁賢がなぜ即位できたのであろうか。雄略には嗣子がいなかったからと考えれば簡単で、その可能性はある。その子とされる清寧は系譜三の人物で考慮の必要はなく、『紀』に吉備の女性に生ませたとある星川は、作乱事件で殺されている。それ以外の男子の記載はないから、一応、雄略の代は断絶したとするほかない。仁賢が即位できたのは、葛城氏自体の力量と母の長田郎女の存在であろう。それにワニ氏との婚姻関係であろう。雄略の正妃は、春日大郎女であったが、春日は系譜二で一代下げられて仁賢妃となった。いずれにしろ、雄略・仁賢はワニ氏の女を妃としているのであり、この時代のワニ氏は無視できないものであった。

第五節　『古事記』・『日本書紀』の成立

一　『古事記』の成立

『記』・『紀』は八世紀になってあい続いて編纂された。編年体の正史が準備されていたのに、内容的にも重複し、物語風の王代記である『記』がなぜ完成されたのか、疑問のあるところである。西條説は、諸説を総合的に検討しつつ、『記』の成立とその性格に関する体系的な自説を提示した点で注目に値する(『古事記の文字法』笠間書院、一九九八年)。以下は西條説に焦点を当てながら、卑見を述べてみることにしたい。

『記』の成立に関する直接の史料はその序文(実際は上表文)の次の一連の部分である。

A　於是天皇(天武)詔之、朕聞、諸家之所賷帝紀及本辞、既違正実、多加虚偽。当今之時、不改其失、未経幾年其旨欲滅。斯乃、邦家之経緯、王家之基焉。故惟、撰録帝紀、討覈旧辞、削偽定実、欲流後葉。

B　時有舎人。姓稗田、名阿礼、年是廿八。為人聡明、度目誦口、払耳勒心。即、勅語阿礼、令誦習帝皇日継及先代旧辞。

C　然、運移世異、未行其事矣。

D　伏惟皇帝陛下(元明)、(中略)、於焉、惜旧辞之誤忤、正先紀之謬錯。

E　以和銅四年九月十八日、詔臣安万侶、撰録稗田阿礼所誦之勅語旧辞以献上者、謹随詔旨、子細採摭。

A・Bは天武の修史について、Cは時代が変わって「其事」が「未行」に終わったこと、D・Eは、元明の修史と『記』の成立について述べている。A・Bの文章は、「諸家之所賷帝紀及本辞」が「既違正実、多加虚偽」という状態であったので、Aによって「撰録帝紀、討覈旧辞」し、Bによって、帝皇日継および先代旧辞として阿礼に誦習せしめたとみるのが素直な解釈であろうが、Cには「未行其事矣」とあって、そのため文意がつかみにくい。「其事」とはAのことなのか、Bのことなのか、それとも両方のことなのかが曖昧なのである。それにDによると、元明代になっても、依然として「旧辞之誤忤」、「先代の謬錯」という状態が続いているのも問題である。そこで長文でもないこの文章をめぐって諸説が紛々とするのであるが、西條氏によると、なにが行なわれ、なにが行なわれなかったかということを基準にして諸説を整理すると、次の三説に大別される。

甲、帝紀旧辞の討竅、削偽定実および誦習は行なわれたが、その撰録は行なわれなかった。
乙、帝皇日継と先代旧辞の誦習は行なわれたが、帝紀と旧辞の討竅、撰録、削偽定実は行なわれなかった。
丙、帝紀旧辞の討竅、撰録、削偽定実およびその誦習は行なわれ、原古事記（台本）ができあがったが、それは完成されなかった。

三説中、新しいのは丙説であるが、西條氏は、原文「未行」が「未畢」とでもなってない限り、これを未完成とするのは強弁であり、文脈を整理すれば、

（A）天武が諸家所齎の「帝紀」・「旧辞」を討竅、撰録、削偽定実しようとして、
（B）阿礼に「帝皇日継及先代旧辞」の誦習を命じた。
（C）その事は未行に終わった。
（D）元明は「旧辞」・「先紀」の誤錯を正そうとして、
（E）安万侶に阿礼の誦んだ「勅語旧辞」の撰録が命じられた。

となるのであるから、（A）と（B）、（D）と（E）はそれぞれ〈本来の目的〉と〈それに並行する作業〉という

構造をもつと考え、そして（A）・（B）から（D）・（E）への推移は、天武代に「帝皇日継・先代旧辞」の誦習は行なわれたが、本来の目的である「帝紀・本辞（旧辞）」の撰録、討覈、削偽定実は未行に終わり、元明代にも誤忤や謬錯が残っていたというふうに解釈した。結果、諸家本と誦習本を実体として区別する乙説の理解に、疑問の余地はないと結論づけたのである。そこで問題となるのは、（B）の「帝皇日継及先代旧辞」の実体であるが、それは天武一〇年に「記定」された「帝紀及上古諸事」で、それはさらに「誦習本」でもあるのである。さらに西條氏は、『記』の本文と注の関係が平面的関係でなく、層位的関係をなしていること、『記』の国名表記が大宝元年以前のものであること、『万葉集』や『紀』が混用しているのに、『記』のみが「モ」の甲・乙二類を厳格に区別していることなどをあげ、記定本（誦習本）は、基本的に天武一〇年に完成していたことの傍証とした。したがって、記定本は同時にEの「勅語旧辞」でもあり、『記』を撰録した太安万侶は、すでにできあがっていた本文を三巻構成にし、それに音注と訓注を施しただけということになる。

西條説は、緻密な論で納得できるが、記定本についてはもっと深く検討すべきであろう。西條氏は、記定本は、推古代の「天皇記」・「国記」を「底本としつつ、新たにこの時期の歴史構造に基づいてそうした古伝を編成し直すものであったと思われる」と、簡単に述べてそれ以上の深入りを避けるが、実はここにこそ深刻な問題が潜んでいたといわねばならない。なぜなら、氏自身も指摘したように、天武代に皇祖神がタカミムスヒからアマテラスへと変更されたからである。それだけではなく、王統譜に息長系の人物が多数組みこまれ、それとは反対に葛城・蘇我色が薄められた。欠史後三代の挿入もこの時である。これによって王統譜もそれに関連する物語も、大幅に改変されたのである。いわば天武代には、それまでの王家所蔵本が大幅に改編されたのであるから、討覈、撰録、削偽定実の対象となったのは、なによりも王家所蔵本自体であって、諸家所賷本のことなどは、その次の段階のことであったのである。諸家本の「多加虚偽」とは、新しく改編された記定本を前提としての言葉であろう。

西條氏は、諸家本の「賷」を重視し、「持参する、持ち込む」の意と解する。その「賷」の史的現実とは以下のようなものである。天武代の前半までは、官僚主義ないし能力主義がとられたが、記定後は族姓が重視され、氏上の選定が急がれるようになった。これは、諸家の側から氏族秩序を復活せよとする圧力が加わったためで、この時期、族姓問題はせっぱつまった局面を迎えた。所賷本はこの渦中で出現したものとみることができる。つまりそれは、記定後に、諸家が自身を主張するために宮廷に持参したものであって、だからこそ虚偽も多く加えられていたのであろう、というのである。しかし、これには疑問が多い。記定事業は天武の指示を受けて、親王二人、諸王四人、諸臣六人というメンバーによって実施されたのであるから、諸家が直ちにそれに異を唱え、自家の異伝を持ちこみえたとは、一般的に考えがたい。第一、諸家が記定本の内容を知るようになったのは、時間的に相当経ってからのことであろう。

西條氏は、『記』の分注氏族系譜が「鏡作連」だけを唯一の例外として、他はすべて天武賜姓以前の旧姓を用いていることからも、記定本と『記』の一致を説く。そしてその氏族系譜は天武一〇年以前に理官で作製されたと想像し、『記』の神代記が、『紀』の神代巻に列挙された諸「一書」などの内容を統合しているという周知の事実に対しては、氏族関係資料を統合した結果とみる。つまり、『紀』の「一書」系資料は、天武一〇年以前に理官で蒐集した氏族関係資料であるというのである。

旧姓使用の問題からいえば、『記』は推古代で終わっているのであるから、それは当然のことで、問題とするに当らない。「一書」系資料については後述するが、理官の保管した氏族系譜が「一書」のようなまとまった物語をともなっていたとは到底考えられないばかりか、アマテラスの登場が記定本に発し、それを反映した「一書」の存在が確認される以上、諸「一書」がすべて天武以前のものとはいえないはずである。

天武代にまず問題になったのは王家本で、それがまず削偽定実され、誦習が命じられた。諸家のことは次の段階のことであるが、それはみなが必ずしも記定本に迎合したり、意識的に異を唱えて持ちこんだものとはいえない。なぜなら、『紀』「一書」には、皇祖神をタカミムスヒとする所伝と、アマテラスとする所伝が並列して記載され、元明代にも諸家本の誤忤、謬錯が指摘されているから、それは必ずしも記定本に対抗して叙述されたものでもなく、『紀』編纂の史料として主に持統代に蒐集されたもので、したがって、「一書」には、記定本を下敷きにしたものもあり、それとは別にそれ以前の所伝がそのまま採用されたものもあるのである。記序がそのことを記さなかったのは、天武に発し、元明で完成したということで充分であったからである。

そもそも『記』はなぜ建国年も王の在位年をも表記しない王代記なのであろうか。それはありえないことといえよう。記定本では神武建国年を紀元後一世紀としていたと判断されるが、その後に建国年引き上げの動きがいろいろと表出してきたらしい。欠所はあるものの、『記』に王の没年と没年齢の記録があり、それによると、安万侶は建国年を記定本より干支二運繰り上げて紀元前一世紀とする構想をたてていたらしい。しかし建国年に関する論議はまとまらず、結局、安万侶は『紀』に先んじて『記』の撰進を求められたので、建国年さえも不明な王代記とするしかなかったのである。

『記』の統合性とは、『紀』編纂の資料蒐集過程で集められたもの、あるいは持参されたものの内容を統合して、神代の物語をアマテラスを中心とした壮大なものに仕立て上げようとした結果であろう。あるいは、異伝の存在を容認しない立場といってもよい。それにも基準となった底本があった。神代記の統合性は単に諸「一書」を平板に集成したものではなく、ある一本を底本と定めて分断利用したもので、数種の異伝を編入するという立体的な構想がとられていて、しかも底本とされた所伝は主神を「日神」ではなく、「天照大神」とする「一書」であることが明らかにされている（北川和彦「古事記上巻と日本書紀神代巻との関係」『文学』四八―五、一九八〇年）。西條説には矛盾があるのである。

『記は『紀』に比べて、その一貫した構想力と文学性がすぐれていると評価されている。それは『紀』が現代に続く編年体正史であるというなら、『記』は神話（全体の三分に一）とそれに連結した神々と王家の人々が紡いできた、運命的な営みの物語が基軸となっているからであろう。神集う「高天原」を支配する「天照大御神」がそのまま地上の統治者、天皇に直結するという、『記』に特有な基本理念の設定は、六九二年に天皇として初めて伊勢神宮に行幸した持統天皇（高天原広野姫）の指導によるものと指摘されている（中村啓信『日本書紀の基礎的研究』高科書店、二〇〇〇年）。したがって、持統以後の天皇は、天武直系というより、アマテラスに比肩された持統直系でなければならなかった。天武王子のなかで持統所生の草壁が史上初の皇太子となり、草壁が早世すると、持統自身が天皇となって草壁の子の文武に譲位した。また文武が早世すると、なかつぎに元明・元正という女帝が即位して、文武の子（聖武）の成長を待って、聖武・孝謙へとつないでいった。『記』は持統の支持のもとに準備され、それを阿礼がひき続いて誦習し、元明代に安万侶によって完成されたのである。

二　『日本書紀』の成立

『紀』編纂の出発点は天武記定本にあるが、それが具体化したのは、七〇一年の『大宝律令』の完成と七〇四年の国名表記の改定（鎌田元一『律令公民制の研究』塙書房、二〇〇一年）からであろう。これによって初めて、『紀』編纂の基本理念と歴史叙述に不可欠な地理的表現が確定したのである。その間は資料蒐集期間であった。まず、天皇は皇帝ともされ、周辺の藩屏国から朝貢される存在とされた。それを事実化するために朝鮮関係資料が必要となり、また記定本以前の旧伝や天武賜姓に絡む異伝、それに民間伝承なども参照されなければならなかったのである。これら個別的で断片的な史料は、律令の理念に沿うように手を加えられ、固有名詞もできるだけ統一された。それが分注などに引用された「一書」なのである。その証拠に、神代紀の本文と異伝の「一書」群を比較すると、神名表記が統一されていること、神名の尊称ミコトについても、「尊」と「命」の使い分けがきちんとされていること、助辞も共通していることなど、文体に同質性が認められることなどである（川副武胤『古事記及び日本書紀の研究』風間書房、一九七六年）。また「一書」には「一云」などとして他の異伝も併記されているから、それは複数の原史料を合わせたものであって、それが原史料ではないことを示している。いわゆる「百済三書」もそうしてなったのである。神代巻以外にも「一云」・「或云」などの分注異伝が多く付されているが、それも同様の性格のものである。「一書」類は編纂事業の第一段階として七〇四年後になったことが確実であるが、これを仮に「原本」と称しておく。編纂の第二段階として、原本執筆者とは別の人物が記定本と「一書」類を按配して、一応の編年体史書を編んだが、そこで多くの文章が補充され、改文された。それを「稿本」と称しておくが、その文はすでに記定本とは質的な差異ができていたのである。稿本の完成は、七一四年に紀朝臣清人と三宅臣藤麻呂に詔して「国史」を撰せしめたとある頃であろう。その後の第三段階でまた別人によって事業は終了し、完成本ができるが、その本の特徴は、漢籍による文飾（小島憲之『上代日本文学と中国文学』上、塙書房、一九七六年）と、原本と稿本の差異を問題にして、原本引用分注を付したことである。分注引用が最終段階であることは、山尾幸久氏も触れている（「百済三書と日本書紀」『朝鮮史研究会論文集』一五、一九七六年）が、実際の分析ではその考えは一部だけにとどまっている。筆者は、分注のほとんどについて検討を加えた結果として、そのような結論をえた。

ところで最近、森博達氏は『紀』編纂に関する新説を提起している（「日本書紀の成立と大化改新」『東アジアの古代文化』一〇三、二〇〇〇年）。氏は『紀』三〇巻を巻三〇を除いて、次のように、α群とβ群に二分類する。

α群　巻一四〜二一、二四〜二七

β群　巻一〜一三、二二〜二三、二八〜二九

その根拠は、α群の歌謡・訓注の万葉仮名は中国原音によっており、本文の漢文も正格漢文であるのにたいし、β群の歌謡・訓注は倭音に基づく仮名が多用されており、本文も倭習が強いことである。そこで氏は、α群の巻一四からは唐人の続守言が、巻二四からは同じく唐人の薩弘恪が担当して七世紀中に完成執筆され、さらにβ群は文武代以後に山田史御方によって執筆されたと結論づけた。それは完成段階での、巻三〇の執筆と全巻にわたっての潤色・執筆をも考慮に入れた、慎重な論である。

中国原音や倭音に関する森説は瞠目するべき指摘であるが、具体的な編纂論になると承服しうるものではない。周知のように、巻一〜一三は文武代に施行された新暦の儀鳳暦によっているが、巻三〇を除く巻一四以下は旧暦の元嘉暦によっている。ところが、同じβ群に属し、それも同一人物が執筆したとする巻一〜一三は儀鳳暦を用い、巻二二〜二三、巻二八〜二九は、元嘉暦を用いている。この矛盾についての森氏の説明はない。国名表記からみても、本文執筆は八世紀になってからのことなのである。これらの各巻を音韻・文体上の問題としてならともかく、編纂上の問題として、α群・β群として一括することは困難であろう。編纂上の見地からすれば、巻一〜一三までが一括されるべきなのである。

『紀』は巻三〇の持統代で終わっているから、それはいわば元嘉暦の時代であった。それゆえ、八世紀は儀鳳暦

の時代であるが、『紀』は基本的に元嘉暦を用いたのである。巻一～一三が儀鳳暦に従っているのは、別の理由があるからなのである。全巻にわたって潤色・加筆が加えられた完成本は神功を卑弥呼に比定した。そのため、稿本の神功紀の本文を干支二運繰り上げ、建国年をも紀元前六六〇年に大幅に引き上げた。このため、その前後の巻一～一三までの年次を無理を敢えてしながら、その年次を調整したのであるが、その完成者が用いたのが流行の儀鳳暦であったということになる。これ以外に『紀』の暦法の謎を解く鍵はないはずである。完成段階で編纂された巻三〇がα群に近いというのは、八世紀になっても正格漢文を書ける人物が存在したということであろうから、α群を必ずしも七世紀の所産とすることはできず、またそういえる確たる物証も存在しないのである。森説によって知りえるのは、稿本執筆者が複数であって、訓注だけは稿本が付したということである。

ところで、六四五年の「乙巳の変」が『紀』にも藤原氏の『家伝』にも伝えられていることは、『紀』編纂事業について重要なヒントを与える。両伝は藤原不比等が父の鎌足を顕彰するために、また『紀』の一史料として八世紀初までに書いた「原家伝」に基づいて、それぞれになったものと考えられる。両伝ともに「三韓進調」・「三韓表文」の語を用いているから、それは「原家伝」にあった言葉であるといえる。「三韓」の語は、隋唐時代に朝鮮三国を指して用いられた。それは七世紀後半には新羅でも用いられ、金庾信は「三韓一統」（『史記』金庾信伝）の功臣といわれた。不比等は新羅使と積極的に接触しており、金庾信についてもよく知っていた。金庾信と新羅武列王をめぐる有名な逸話も知っていたはずである。そこで不比等は、この逸話を用いて、鎌足と中大兄（天智）間の話に換骨奪胎し、「三韓」の語を借りて「乙巳の変」の舞台をつくったと思われる。『原家伝』以外の原本にはこの語がみえないのは、それを傍証するであろう。『紀』に頻出する「三韓」は『家伝』を出発点としており、「三韓進調」の起源として、神功の「三韓征討物語」（高句麗王の降伏）が整えられたのである。このような点からすると、不比等は『紀』編纂の全般に関わったと考えられるであろう。「大宝律令」制定の総裁は刑部親王であるが、実際の責任者は不比等で、自ら刀筆を執り持って科条を刪定し、その施行ののちも条文解釈の治定に「令官」としても参加していた(早川庄八『日本古代官僚制の研究』岩波書店、一九八六年)。『紀』編纂局の総裁は舎人親王であるが、実際の責任者はやはり不比等であったのであろう。不比等は自ら携わった律令の理念を『紀』で歴史化したのである。

第三篇　古代の朝鮮と日本（倭国）

第一章　四世紀の朝鮮と倭国

朝鮮南部海岸地帯の人民は、縄文時代に溯って日本列島へ移住し、農耕文化や金属器を伝え、旧石器時代から古代への移行を準備した。その内実はともかく、三世紀には日本列島は倭国の名で呼ばれるようになった。四世紀には九州から関東に至るまで前方後円墳が出現し、とくにヤマトの三輪山麓には、顕著な大型前方後円墳と都市型遺跡ともいわれる纒向遺跡が営まれたので、ヤマトに倭王が居住し、各地の小国群と連合政権を形成していたと考えられる。いわゆるヤマト王権と称されるのがそれで、もちろん統一国家への道はまだ遠かった。

朝鮮南部海岸地帯では、洛東江下流域の発達が著しかった。西岸の金海大成洞古墳群と東岸の釜山東萊福泉洞古墳群の出現がそれを証明している。発掘調査をリードした申敬澈氏によれば（「金海大成洞・東萊福泉洞古墳群点描」『釜大史学』一九、一九九五年。慶星大学校博物館編『金海大成洞古墳群』一、二〇〇〇年）の「調査所見」）、三世紀末に「金海型木槨墓」が前代の木槨墓を破壊しながら営まれ、副葬品にも陶質土器・オルドス型銅鍑・鉄製甲冑・馬具などが新しく発見されるだけでなく、厚葬と人と牛馬の殉葬という、前代にみられない習俗も現われる。釜山東莱にもまったく同様の現象がみられるので、申氏は四世紀には金海と釜山には新勢力によって建国されたが、両国は政治的にも統合されていたともするのである。この頃、金海には加羅、釜山には居柒山国が成立していたといえるであろう。そしてまた申氏は、「金海型木槨墓」からは、巴形銅器や鍬形石製品・紡錘車形石製品・筒形石製品などの倭系遺物や洛東江下流域の筒型銅器がヤマト周辺に分布するので、それは王権間の交流を示すものと説いた。さらに洛東江下流域には、北九州系や山陰系の土器が出土することや、筒形銅器が日本列島の各地で出土することや倭系石製品のなかには畿内ではみられないものも存在することなどから、両国は日本列島の各地と多元的な交渉関係をもっていたという(「三国時代の韓半島南部と北部九州の相互交流に関する考古学的研究」『韓国民俗文化』一六、二〇〇〇年)。

欽明紀二年(五四一年)夏四月条で聖明王(聖王)は、卓淳(昌原)・喙己呑(昌原付近)・南加羅の三国を総称して、任那と称している。南加羅は四世紀の加羅で、卓淳は加羅に西接する。加羅と居柒山国は政治的に一体といえるから、本来の「任那」は、加羅を盟主とするこの四国の政治連盟体で、任那加羅(任那)ともいわれ、盟主の加羅王は任那加羅王(任那王)ともいわれた。居柒山国は五世紀中後葉に新羅に併合されたから、欽明代にはここからは脱落していたのである。任那の語義についてはいろいろと取り沙汰されたが、原義はそういうことなのである。ところが、原史料の「在安羅諸倭臣」を原本の「百済本記」が「安羅日本府」、稿本以下が「任那日本府」と改め、任那は安羅だけでなく、洛東江西岸全体を意味して、それが天皇の支配地のように描写されたのである。

前記の聖明王言によると、百済は近肖古王代(三四六年~三七五年)、おそらくはその前半代に洛東江西岸にまで政治的影響を及ぼし、「兄弟」・「父兄」の関係を結ぶまでになっていた。神功紀四六年春三月条の年代を修正し、造作部分を削除してみると、三六六年に倭は卓淳を通じて尓波移を百済に派遣し、両国の通行を求めた。それに応え、百済は三七二年に久氏らを遣わし、「七枝刀」などを贈ったので、ここに百済・任那・倭の通交関係が正式に成立したのである。百済は三六九年と三七一年に高句麗に戦勝し、高句麗の「属民」的位置を脱し、さらに三七二年には東晋との通交をも開始した。この王代に百済は対外的に大きく飛躍したのである。

「七枝刀」は正式には「七支刀」で、天理市の石上神宮に所蔵されている。その銘文によると、それは百済世子奇（貴須、近仇首）が倭王旨に贈与したものである（木村誠『古代朝鮮の国家と社会』吉川弘文館、二〇〇四年）。国際上では贈与主体が百済王であるべきところであるが、世子であり、「伝示後世」と下行形式の表現があるから、百済は大国的立場にたっていたことがわかる。

倭王権と古代朝鮮間の通交はこうして始まったが、『紀』の記述はこれとは相違する。『紀』はまず、垂仁六五年に任那国朝貢を語り、次に神功の新羅征討と百済王・高麗王降伏、「三韓」の「内官家」化を説く。これらが造作記事であることはすでに詳述した。新羅征討後の神功五年、新羅は汙礼斯伐・毛麻利叱智・富羅母智を派遣して朝貢し、先に人質とされた微叱許智の帰国を願いでる。途中は省略するが、対馬で毛麻利叱智らは密かに微叱許智を逃したので、使者三人は焼殺される。この記事について木村誠氏は、実際の主人公は毛麻利叱智で、使者は汙礼斯伐（地名の蔚山）の毛麻利叱智らと説く。毛麻利叱智は『史記』列伝に朴堤上（毛末）といわれ、歃良州干を務めたが、倭に「入質」した未斯欣（微叱許智）を救出して焼殺されたとある。『三国遺事』では金堤上とされ、歃羅郡太守とある。未斯欣は訥祗麻立干紀二年（四一八年）に帰国したとあるので、それが史実で、神功紀はその異伝、潤色である。「歃羅郡（梁山）太守」・「州干」は五世紀の言葉ではないが、木村氏は「干」を重視して、堤上を蔚山の地方勢力で、梁山方面まで力を及ぼした人物と解釈する。

木村説の弱点の一つは新羅本紀の「堤上奈麻」を無視したことである。これこそもっとも信頼するべき名称なのである。「奈麻」は、新羅最古の『迎日冷水碑』（五〇三年）に干支層を除く唯一の官位名として出ており、その官位を受けたのは王都六部に居住した王直族の臣下だけであるから、堤上は王命により梁山に派遣された人物としか考えられない。さらに理解しがたいのは、堤上が倭で汙礼斯伐の毛麻利叱智と名乗ったというが、五世紀初頭のこの事件を一体だれが記録し、『紀』編纂時まで伝えたかが問題である。そんなことは想像外のことであろう。『史記』には、対倭問題で悲運の最期を遂げた二人の英雄について記録されている。それは于老と堤上であるが、この二人については新羅内部で各種異伝が生じたと考えられ、そのような話が倭国でも知られるようになったのは、対新羅関係が良好であった七世紀頃のことであろう。神功征討物語の分注に引く「一云」は、新羅王名を宇流助富利智干（于老）としていること、また他の「一云」には、『史記』于老伝と同様の物語が語られていることからは、新羅の伝承が『紀』の原本の段階で神功物語に適当に付加されたことを証左しているといえよう。その伝承の過程で両伝承の混同が生じ、毛麻利叱智記事に汙礼斯伐（于老）が混入したものであろう。

次は、神功紀四七年夏四月条と四九年（三六九年）春三月条である。百済・新羅両国の朝貢があったが、百済の貢物が少なかった。それを追求すると、新羅が途中で百済の貢物を奪ったという。そこで新羅再征討が実施された。荒田別・鹿我別、さらに木羅斤資・沙々奴跪らを卓淳に派遣して新羅を撃破した。因って比自㶱・南加羅・㖨国・安羅・多羅・卓淳・加羅の七国を平定した。さらに西に向かい、古奚津に至り、南蛮忱弥多弥を屠って百済に賜わった。時に、比利・辟中・布弥支・半古の四邑が自然降伏した。そこで荒田別は百済肖古王（近肖古王）と貴須王子（近仇首）父子と意流村（分注。「今云州流須祇」）で会って別れた。また、千熊長彦と百済王は百済の辟支山と古沙山に登り、ここで百済王は西蕃として千秋万歳の朝貢を誓った。

できるだけ簡単に説明する。ここに四世紀の肖古王が出ているのは、神功紀が干支二運繰り上げられる前の、稿本の段階で基本的に書かれたことを意味する。その前に肖古王が尓波移と会ったとある記事も同様である。一連の記事に登場する倭人名は一部人名を除いては、この段階で造作された。新羅再征の前提として、新羅が百済の貢物を奪ったと書いたのもこの時である。加羅など七国平定記事も稿本の文であるが、その国名は、継体・欽明紀の原本となった「百済本記」の原史料から借用したものである。南加羅は六世紀に出る国名であることからもそれは実証される。

文章は、荒田別と百済王の別離で一応終わっているが、その次に千熊長彦・百済王会盟記事があって内容が重複する。千熊長彦は征討前の問罪使として登場するが、征討記事にはその名がみえない。また意流村には「今云州流須祇」の分注があるから、付注者の手許にはそう判断しうる別史料があったことになる。四邑のなかの辟中はここでは辟支山となっているのも同じ理由による。別史料には州流須祇（周留城）・辟支山（金堤）・古沙山（古阜）の地名があり、五〇年夏五月条の多沙城（河東）を加えると、それは六六三年の白村江敗戦後に倭軍が撤退した経路と一致する。とくに周留城・金堤は百済復興軍の拠点であった。この後半部分は完成者の筆になるものなのである。

実は、稿本文中にある西方回行記事も同種の史料による。古奚津（康津）・南蛮忱弥多礼（済州島）・比利・辟中（金堤）・布弥支・半古（潘南）の征路は、大混乱していて信じようがない。比利・布弥支には説があるが、根拠薄弱で不明とするしかない。地名はある史料によっているが、その行程は歪曲されている。周留城を出発して四邑を通過し、康津で乗船して済州島をめぐり、倭国に帰ったというのが実際のところであろう。これも白村江戦後の帰路を記した史料に基づいており、この再征討記事で取るべき部分は、木羅斤資と沙々奴跪がおそらく任那救援のため、新羅を討ったということだけである（百済記の原史料）。「撃新羅而破之」の直後に「因以」七国平定となっていては意味が通じないから、それは付加されたものなのである。稿本は「百済記」を潤色して利用しているが、木羅斤資記事の年紀を干支一運繰り上げており、この事件は四二九年のことなのである（後述）。稿本の筋書きは、百済王が倭国に朝貢することを希望して遣使したが、新羅がそれを奪ったので倭が出兵して新羅を討ち、百済王父子と会盟したこと、そしてそこで百済王は忠誠のあかしとして「七枝刀」を献上したということであった。「七枝刀」記事も「百済記」によったと思われるが、年紀は動かせず、それを基準にして話を構成したのである。ところが、稿本と完成本は倭軍帰国の史料を用い、比利以南をも征服したと補筆し、それを任那と総称し、天皇の支配地になったと歪曲したのである。

肖古王・貴須王子父子からは、稿本は百済王暦を史料としたことがわかる。六四年条に枕流王、六五年条に辰斯王、応神三年条に阿花王、一六年条に直支王、二五年条に久尓辛王、雄略二一年条に汶洲王、二三年条に文斤王と東城王など、威徳王までの薨立記事を記載していることもその証左となる。とくに注目されるのは、『史記』と『紀』には久尓辛王代と文斤王（三斤王）の存在を認めているが、『宋書』によると久尓辛王代は存在する余地がなく、『南史』や『冊府元亀』によってもやはりそうなのである（三品彰英「日本書紀所載の百済王暦」同編『日本書紀研究』一、塙書房、一九六四年）。久尓辛王即位のこともなかった。このような現象は『紀』が百済王暦を参照したことをぬきにしては考えられないことである。記述のように、百済亡命貴族は王暦を保持していたことが確かなのであるから、『紀』はそれを『紀』編年の参考にしただけでなく、薨立記事にかけて繰り返し百済王の従属を説いたのである。一連の記事が示しているのは、任那・百済・新羅が最初から自ら進んで倭に朝貢したこと、新羅の場合は「入質」したということである。それが造作であることは明白であるが、問題は『紀』はそのような構想を全篇に及ぼしたということである。したがって、『紀』の朝貢・入質記事に基づいた立論は、出発からして空論に堕さざるをえないのである。

第二章　高句麗の南進と倭五王

第一節　高句麗広開土王の南進

高句麗の広開土王（三九一年～四一二年）の南進は、百済・新羅・倭国に大きな衝撃を与え、これら諸国の情勢を一変させた。その内容を伝えるのは四一四年に王都の集安に建立された『広開土王碑』であるが、木村誠氏はこれに異説を提起した（前掲書）。すなわち、『中原高句麗碑』は一般に長寿王代の建立と考えられているが、そこに高句麗の「太子」の動きが刻記されており、一方、『史記』文咨明王紀には、「長寿王之孫、父王子古鄒大加助多。助多早死。長寿王養於宮中、以為大孫」とあって、文咨明王の父の助多はただ「王」・「古鄒大加」とされ、「太子」とは記されていないこと、立太子記事がないのは例外的であることなどから、長寿王代には助多早死のため太子は存在しなかったといい、結局、『中原高句麗碑』は四〇三年か四〇八年の広開土王代の立碑であり、「太子」は後の長寿王であると結論づけたのである。

木村説は深刻な新説であるが、疑問は氷解しない。新羅寐錦は五月に石碑の建つ中原付近に設置された跪営（忠州の国原城か）で高句麗王と会い、高句麗の官服を賜与されるなどして、臣属を誓っている。田中俊明氏が説くように、『中原高句麗碑』にみえる「東夷寐錦」の語が『広開土王碑』にみられないから、『中原高句麗碑』は長寿王代の建立であり、長寿王の子の助多は太子となったが、早死して即位しなかったため、立太子記事が脱落したのであろう（「高句麗の平壌遷都」『朝鮮学報』一九〇、二〇〇四年）。文咨明王が長寿王の「大孫」とされたのもそのためであろう。新羅寐錦が広開土王に二度も親朝したということも考えがたく、『中原高句麗碑』の内容は、新王の長寿王への親朝のことであり、その時期はおそらく、四二七年の高句麗の平壌遷都前後のことであろう。田中氏は日付干支から四二三年の内容と推定している。

四一四年に建立された『広開土王碑』は、四〇〇年前後の東アジアの動向を具体的に伝える第一級の史料で、国際的な研究の的となっている。ここでは武田幸男氏の釈文（『高句麗史と東アジア』岩波書店、一九八九年）に基づいて、高句麗南進問題に限って検討を試みたい。論争の的になっているのは、いわゆる辛卯年条と永楽九年己亥（三九九年）条・一〇年庚子（四〇〇年）条である。辛卯年は広開土王即位年の三九一年である。以前からもっとも注目されたのは辛卯年条であるが、碑文全体の解釈には、長文の九年・一〇年条こそ検討することがまず肝要である。それは、六年丙申（三九六年）に広開土王が百済を親征し、百済王城を包囲して百済王を屈服させたうえに、臨津江以北の百済領を奪った事件に続く一大抗争であった。九年に百済が倭と「和通」し、「倭人満其国境、潰破城池、以奴客為民」という窮地に陥った新羅が高句麗に救援を求めてきたので、一〇年に広開土王は「歩騎五万」を派遣した。その条の原文は次のとおりである。

十年庚子教遣歩騎五万往救新羅従男居城至新羅城倭満其中官軍方至倭賊退□侵背急追至任那加羅従伐城
城即帰服安羅人戍兵□新羅城□城倭□倭潰城大□□盡更□□安羅人戍兵満□□□其□□□□□言
□□□□□□□□□□□□□□□□□□□□□□□□□□□□□□□□□□□□□□潰□□□安
羅人戍兵。（字画の一部だけがみえる文字が数個ある）。

この釈文の難点は二行目の「倭□倭潰」で、原碑を調査した王健群氏（『好太王碑の研究』雄渾社、一九八四年）によって「倭寇大潰」と改められ、原碑調査と拓本研究をすすめた鈴木靖民氏もこれを支持している（「同時代史料で読む激動の東アジア」『This is 読売』一九九九年)。釈読の鍵は三つもみえる「安羅人戍兵」という語句にある。通説はこれを「安羅(咸安)人の戍兵」と読み、倭軍の別働隊と解釈するが、王氏はそれを否定し、この語句は名詞ではなく、独立句で、高句麗軍が占領した城を「新羅人に守備させた」の意と説いた。確かに倭軍の別働隊である安羅人の戍兵(守備兵)が新羅城などを攻めているのに、「倭寇大潰」と続くのは理に合わない。そして一番目と三番目を見ると、高句麗勝利後の終結語といわねばならない。二番目の下を武田氏は「満□」とするが、王説・鈴木説では「新羅」であるから、それも独立句説を強化する。それに高句麗に敵対した倭軍に対しては「倭賊」・「倭寇」、百済に対しては「百残」などの蔑称を用いているのに、安羅人にはそのようなことがない。安羅の戍兵が新羅城まで進入したとも理解できない。「安羅人戍兵」は独立句とする王説は正鵠を射た解釈である。ただ、「任那加羅」の語があるので、「羅人」を必ずしも新羅人とは断定できず、その語句については発想を変えて考察する必要がある。そこで考えられるのは、数こそ多くないが、高句麗時代に「羅」は「邏」と通用した実例が存在し、高句麗・新羅には実際に邏人部隊が存在していたことである。そうすると該句は、高句麗軍が占領した城に羅人(邏人、巡邏兵)と戍兵(守備兵)を配置したの意で、倭軍が散を乱して敗走して逃げ隠れしたので、羅人をも配置したのである。そう解釈してこそ文章全体の解釈も自然なものとなる。高句麗軍は任那加羅従伐城・新羅城、それにあと一城を占拠したことになる。倭軍が任那加羅従伐城に逃げ込んだのは、任那加羅と倭が同盟していて、従伐城が新羅進攻の拠点になっていたからに相違ない。では前者は戦闘に参加せず、基地だけを提供したのであろうか。でもそれはないであろう。碑文が倭と任那加羅を倭と一括したからと思われる。それでは任那加羅の従伐城はどこに位置していたのであろうか。「急追至任那加羅従伐城。城即帰服」という短文からは、倭軍と高句麗軍が洛東江を渡河した様子は一向に窺うことはできない。それは現実的にも無理なことである。その城は任那加羅の居柒山国北方の一城であったのでなかろうか。そこに前線基地が置かれ、その背後の要地である梁山には堤上奈麻が派遣された。新羅はひき続いて居柒山国を圧迫し、五世紀中葉にはその併呑に成功したのである。東萊福泉洞古墳群の副葬品が新羅色になったことが、それを示唆している。倭軍は居柒山国を通じてこそ、新羅に侵入できたのである。

三九七年に百済は太子腆支を倭国に派遣し(『史記』)、その結果、両国の「和通」が成立して三九九年の軍事行動の発動となった。『史記』朴堤上伝からは、腆支は高句麗・新羅軍が倭に侵入するであろうことを説いて倭の出兵を促したと推定される。ここに高句麗の圧迫下にあった百済と、新羅の脅威に直面していた任那加羅と、高句麗・新羅の攻撃の的になる可能性が生じた倭の軍事同盟が発動したのである。問題はこの戦闘に百済の影がみえないことであるが、『史記』によると、三九九年八月に高句麗と戦うためおおいに兵馬を徴集したが、人民が逃亡して軍備が整わず、高句麗攻撃を放棄したとあり、それが史実なのであろう。高句麗軍の「歩騎五万」も対百済戦を予期してのことであろう。かくして役割分担上、新羅に向かった倭軍は惨敗の憂き目をみることになったといえる。

さて、問題の辛卯年条は次のとおりである。

百残新羅旧是属民由来朝貢而倭以辛卯年来渡□破百残□□新羅以為臣民。

この一文は以前から次のように読まれている。つまり、百残(百済)と新羅はもとから高句麗の属民であった。しかるに倭が辛卯年にやって来て、百残を破り、新羅を□□して臣民とした。簡単にいえば、高句麗の属民であった百済・新羅が辛卯年(三九一年)を境に倭の臣民となった、というのである。これに続いて六年丙申条の広開土王の百済親征記事と九年己亥条の倭の新羅侵入記事があるが、普通に読めば文脈がまったく通じない。倭が百済を破った事実はなく、碑文自体が両国は「和通」関係にあったとしている。また新羅が倭の臣民になったのに、九年己亥条では倭が新羅に侵攻している。そこで反論が提起されるのであるが、現在はこれは特殊な一文で、それは六年丙申条の前置文で、しかも広開土王南進の大前置文と考えられ、虚構や誇張はあるものの、従来の読みに間違いはないというのが通説である。高句麗軍の行動には、「王躬率」型と「教遣」型があり、例外はないから、倭が辛卯年記事全体の主語としかなりえないというのである。とくに武田氏は、「倭は高句麗にとって南方の敵対国であり、しかも軽視すべからざる主要な敵対国であった」とし、それが辛卯年記事にみごとに反映していると強調する。確かに、一四年甲辰条は、百済の参戦もあったはずであるが、「倭不軌侵入帯方界」として、倭軍の単独行動として記録されている。倭の新羅侵入と合わせ考えると、それは必ずしも的外れとはいえない。

しかし、依然として疑問はそのまま残る。倭が百済を破り、新羅を臣民としたとすれば、それは以下に続く具体的記事との矛盾があまりにも甚だしくなる。碑文の読者は混乱するばかりである。碑文は読者が順序に従って自然に理解できるように書かれたはずである。それに六年丙申条によると、広開土王は百済王弟と大臣一〇人を捕虜として連れ帰っている。百済・倭関係の実相については熟知していたはずであるが、それを「破百済」のように表現するとは、到底考えられない。多分に形式的な朝貢関係を媒介としてなる「属民」を臣従そのものを意味する「臣民」と区別しないのも問題である。一〇年庚子条に新羅寐錦が国岡上広開土境好太王に親朝したことが新羅の高句麗臣民化の開始と見なければならない。新羅王はそれまで斯盧麻立干を称していたが、この時に新羅寐錦の称号を賜与されたという事態も考慮しうるのである。高句麗の国号が高麗と改められたのもこの頃である可能性がある（混乱を避け、以下も高句麗とする。『紀』は一貫して高麗としている）。「破百残□□新羅以為臣民」は広開土王南進の結果の国際的関係の総括と解釈してこそ、史実に合致し、空格には「倭」字があることが推定される。焦点は「破」以下の主語が明示されていないことであるが、広開土王・高句麗・碑文執筆者が一体となって第一人称となれば、総括文の結果を記す文にはとくに主語を必要としない。卑近な例をあげれば、雨が降ったので、タクシーに乗って帰ったという一文は、後半の結果の主体が第二・第三人称であれば、あなたはとか、かれはという主語が必須のものとなるのと同じである。前半の理由文が「而倭辛卯年来渡□」と倭が主体となっているのは、海波の彼方の異族である倭が、百済・任那と同盟し、高句麗・新羅を攻撃するなど、鋭く敵対したことを深刻に受けとめ、倭の策動が激動の大きな要因とみたためであろう。なお辛卯年とは、『史記』に広開土王が即位直後から百済との戦争を開始したとあるから、ことの開始年を表現したもので、六年丙申条の百済戦記事はそれを一括した集約文とみるのが適当であろう。この一文は辛卯年条と称すべきではなく、広開土王南征の総括文であって、かつ「以六年丙申」の「以」に注目すると、六年丙申条の前置文ともなっているということができる。

南進の結果、高句麗は臨津江以北の地を手中にし、新羅を臣民として従属させた。一方、倭国は敗れたとはいえ、朝鮮南部沿海地方から多くの移住民を迎え、先進的な生産技術を発展させた。これら移住民集団によって、倭では須恵器の生産や牛馬の飼育が開始された。いわゆる韓式土器をともなう専業的な大規模鍛冶工房が、五世紀前葉から河内の大県遺跡・森遺跡、ヤマトの布留遺跡・南郷遺跡群・脇田遺跡で形成され、吉備や北九州、それに関東にも同様の現象がみられるが、それは移住民集団の活躍によって生産技術が飛躍的に高まったことを物語る。やがて製鉄技術が導入されたが、これは倭国発展の革新的な転機となった。

第二節　高句麗長寿王の南進

長寿王(四一二年〜四九一年)は四二七年に平壌に遷都し、南進政策をさらにおし進めた。それに対抗して百済・倭関係も強化された。その史料として注目されるのは『紀』の原本の「百済記」と「百済新撰」である。

「百済記」引用が明記されている最初の記事は神功紀六二年即年条記事の分注で、その内容は、新羅征討に沙至比跪を遣わしたが、沙至比跪は新羅に美女を与えられ、反って加羅を討ったので、木羅斤資に命じて加羅を救ったということである。この記事には加羅国王をはじめ多くの人名が出ているので、基本的には史実を反映しているともいわれている。しかし、その内容があまりにも荒唐無稽なので、稿本はそれをそのまま採用せず、「新羅不朝、即年、遣襲津彦撃新羅」という短文にまとめるにとどめたのであるが、完成者が分注に「百済記」を引用したのである。「百済記」には人名が多く出る記事はなく、加羅国人名は「百済本記」の六世紀頃の原史料から借用したと思われる。沙至比跪という名も、欽明紀二三年（五六二年）八月条に百済に派遣されたという大伴狭手彦の原史料名を利用したのであろう。木羅斤資は「百済記」原史料にあったのを転用したといえる。内容自体が「百済記」に合わず、紀年も「壬午年」とだけあって、⑤のように王名＋干支年となっていないから、この一文は「百済記」自身の造作であろう。次の「百済記」関連記事からもそれはわかることである。

①（応神八年春三月）百済人来朝。（分注。百済記云、阿花王立无礼貴国。故奪我枕弥多礼及峴南・支侵・谷那、東韓之地。是以遣王子直支于天朝、以脩先王之好也）。

②（応神一六年是歳）百済阿花王薨。天皇召直支王謂之曰、汝返於国以嗣位、仍且賜東韓之地而遣之（分注。東韓者、甘羅城・高難城　尓林城是也）。

③（応神二五年）百済直支王薨。即子久尓辛立為王。王年幼、木満致執国政。与王母相婬、多行無礼。天皇聞而召之（分注。百済記云、木満致者、是木羅斤資討新羅時、娶其国婦而所生也。以其父功、専於任那。来入我国、往還貴国、承制天朝、執我国政。権重当世。然天朝聞其暴召之）。

④（応神三九年）百済直支王、遣其妹新斉都媛以令仕。新斉都媛率七婦女来帰焉。

⑤（雄略二〇年冬）（分注。百済記云、蓋鹵王乙卯年冬、狛大軍来攻大城七日七夜、王城降陥、遂失尉礼国。王及大后・王子等、皆没敵手）。

①の「百済記」記事は、百済王子直支が三九七年に来倭して先王の好をおさめたという内容であるが、それは「史記」の同年記事にみえるので、基本的には史実を伝えている。しかし阿花王无礼記事やその前の辰斯王失礼記事は、百済王暦を参考にした王名に百済王従属の潤文を加えたもので、史実ではない。後述のように、「東韓」・「南韓」の語は六世紀のもので、やはり地名は「百済本記」原資料からの借用である。

②「百済記」は直支帰国記事で、『史記』に該当記事があるから、それは史実であるが、①と同じような潤色がある。

③の本文は四一四年の直支王没年記事であるが、④ではその直支王が四二八年に新斉都媛を倭に遣わしたとあって、明らかに矛盾する。「紀」の誤記と矛盾はどうしてであろうか。

この解決案はただ一つであろう。④は「百済記」記事を本文化した記事であるが、稿本はそれを削除して③を造文したのであるが、完成者が不注意にも④を復活したのである。直支王没年は四二八年以後のことである。稿本の目的は、「久尓辛王為王、王幼年」のため、木満致の「多行無礼」が可能になったということである。その史料となった「百済記」は、明らかに木羅斤資・木満致父子を倭人としているから、それは結局、倭王が百済の内政にも干渉していたことを表明しているのである。「百済記」とはそのような原本なのであるが、そこには原史料の残影が存在する。「木満致者、是木羅斤資、討新羅時」、「所生也」、「以其父功、専於任那、来入我国」これによると、木羅斤資は新羅を討って任那を助けた（「平定任那」）こと、その子の木満致は任那に影響力をもったが、倭に来入したことである。「百済記」の「平定任那」によって、神功紀六二年即年条の沙至比跪記事が、任那に次ぐ加羅平定記事として造作されたことが明白となる。

木満致が暴虐であったと歪曲されたのは、後述のように「百済記」原史料の提供者に関係がある。「百済記」には王名がみえないから、それは必ずしも久尓辛王代のこととはいえない。第一、久尓辛王代はなかったのである。すでに指摘されているように、木満致は、『史記』蓋鹵王紀二一年（四七五年）冬条に「文周乃与木刕満致・祖弥桀取、南行」とある木満致と同一人物なのであって、実際の生存時期はずっと下がるのである。「百済記」は、「木満致者」と人物紹介から始まっているので、原史料では満致来倭のことを伝えていたのであり、その来倭年は「来入我国」の時、四七五年である（実際は四七四年であることについては後述）。つまり、「百済記」の木羅斤資・木満致記事は稿本段階ですでに干支一運上げられていたのであり、完成本はさらに全体を干支二運上げたのである。原史料を復元すると、次のようになるであろう。


三六七年。倭王が卓淳を通じて尓波移を百済に派遣し、通交を求めた。

三七二年。百済太子が「七枝刀」を贈り、両国の国交が成立した。

三九七年。百済太子直支（腆支）が来倭した（両国の「和通」と任那を含めての対高句麗軍事同盟成立。三九九年の倭の出兵）。

四〇五年。直支帰国、即位。

四二八年。直支王が新斉都媛を倭に派遣する。（『史記』毗有王紀二年春二月条、「倭国使至、従者五十人」とあるが、直支王が正しい）。

四二九年。百済将木羅斤資と倭将沙々奴跪が新羅を討って任那を救う。（『紀』の加羅等七国平定は、「百済記」
　では「七国」は「任那」）。

四七五年。高句麗軍による百済王城陥落。蓋盧王敗死。木満致来倭、定住。（木満致らは王城包囲のなかを脱出したと『史記』にあるが、それは不可能なことで、実際はその前年頃に来倭し、倭の出兵を求めたと思われる。『史記』慈悲麻立干紀（四七四年）秋七月条には王城陥落以前に文周は救いを求めて新羅に向かったとあるが、それが正確である。なお⑤の「尉礼国」は神功紀の意流村と表記が異なることに注意）。

「百済記」の原資料は、百済と倭の通交の開始から始まって、木満致の来倭と百済の一時的滅亡で終わっている。そこで重要な役割を果たしているのは、木羅斤資・木満致父子である。木満致はそのまま倭国にとどまったので、この一連の史料の提供者は木満致としか考えられない。それは定住後間もなく提出され、人知れず保管されたのであろう。満致は仁賢近くの女性と結婚し、その子の稲目が飛鳥近辺の曽我の地を本拠にしたので、蘇我氏と称した。

七世紀前中葉の系譜二の蘇我氏系譜は次のようであった。

武内宿祢━━蘇我高麗━━韓子━━斤資━━満致
　　　　　　　　　　　　　　　　　　　║━━稲目
　　　　　　　　　　　　　　　　葛城氏の女

ここでは蘇我氏は景行孫の武内宿祢後裔となっていた。系譜三ではこの系譜は大きく改変され、さらに壬申乱後は蘇我氏諸家は一掃されて、残った一家が石川氏を名乗った。ここに木満致は倭将で、しかも暴虐な人物と描かれた理由があったのである。系譜の改変は第一に、蘇我氏の始祖を武内宿祢の子の石川宿祢としたことである。第二に、斤資・満致と満致と葛城氏の関係を断って、満致を石川宿祢の子とし、斤資を抹殺したことである。

「百済記」を補足するのが毗有王から武寧王までのことを記した「百済新撰」と倭君氏の所伝に基づいて編纂された「日本旧記」である。本文は主に倭君氏諸伝によっているが、参考となるのはむしろ主に分注に引用された後者のほうであるから、その文を次にあげる。付言すれば、「日本旧記」と「百済新撰」は一対の原本としての命名である。

A（雄略二年秋七月条分注）百済新撰云、己巳年（四二九年）、蓋鹵王立。天皇遣阿礼奴跪、来索女郎。百済荘飾慕尼夫人女、曰適稽女郎、貢進於天皇。

B（雄略五年秋七月条分注）百済新撰云、辛丑年（四六一年）蓋鹵王遣王弟琨支君、向大倭侍天皇、以脩兄王之好也。

C（雄略二三年夏四月条、四七九年）百済文斤王薨。天皇、以昆支王五子中、第二末多王幼年聡明、勅喚内裏、親撫頭面、誡勅慇懃、使王其国。仍賜兵器、并遣筑紫国軍士五百人、衛送於国。是為東城王。

D（武烈四年是歳条、五〇二年の分注のなかで「百済新撰」独自の文）斯麻王（武寧王）、是琨支王子之子、即末多王異母兄也。

Aの蓋鹵王は毗有王でなければならない。蓋鹵王となっているのは、「百済新撰」の誤りではなく、『紀』の改変である。『紀』は干支操作の関係上、毗有王一代を抹殺したので、ここは例外的に引用文を改筆したのである。Cは「百済新撰」引用とは明記していないが、「日本旧記」は、蓋鹵王・昆支を加須利君・軍君と表記しているので、それがわかる。しかし、Cは昆支、Dは琨支の相違があって、それは軽視できない。『新撰姓氏録』によると飛鳥戸造氏には三氏があって、それぞれその出自を比有王・比有王男琨伎王・末多王之後としている。「昆」と「琨」の差はここから生じているのであろうから、「百済新撰」は飛鳥戸造三氏の出自伝承を基本としてまとめられたことがわかる。その目的は「日本旧記」の誤りを正し、「日本旧記」にはなかった末多王記事を補充することにあった。Cは末多王即位を即位しなかった文斤王死去にかけている。Cには『紀』の手が加わっており、「百済新撰」の文は傍線部分に限られる。昆支は本国で斯麻王を生み、四六一年に来倭して文周王の女との間に末多王をもうけ、飛鳥戸造氏の女との間にも子をもうけているから、倭国滞在は長期にわたったのである。蓋鹵王戦没時にも生存していたから、そののちに末多とともに帰国したと思われる。東城王紀はその四年（四八二年）から始まっているので、その年が即位年と考えられる。

次の系譜は、古川政司氏（「百済王統譜の一考察」『日本史論叢』七、一九七七年）が「百済新撰」・飛鳥戸造三氏所伝・『南斉書』百済伝から導いたものであるが、従うべき説であろう。

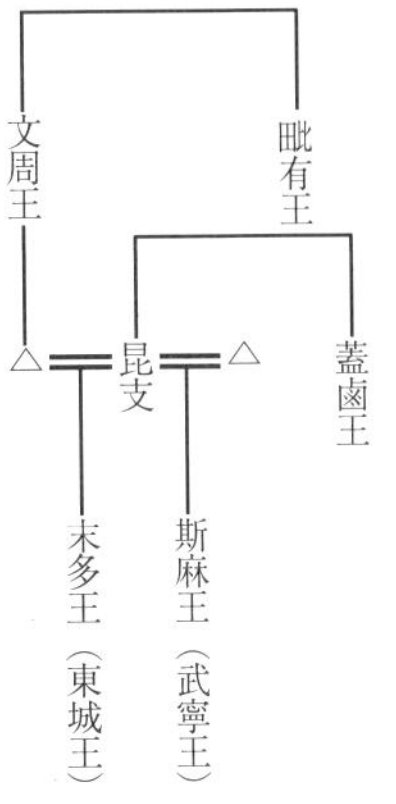

「百済新撰」は結局、次のようなことを伝えている。毗有王が適稽女郎を四二九年に倭に派遣して友好関係を深めたこと、蓋鹵王が弟の昆支を四六一年に倭に派遣したこと、昆支が倭地で生んだ東城王が帰国して文周王死後に即位したこと、その後を異母兄の武寧王が継承したことである。

このような動きはもちろん、高麗長寿王の南進政策に対応したものである。『魏書』百済伝によると、蓋鹵王（余慶）は魏に出した上表文で高麗との戦闘が「三十余載」に及び、国力が極度に疲弊していることを告げ、救援を要請している。四六一年の昆支来倭はそのような情勢、あるいは任那の危機という情勢の下で、再度の共同軍事行動を提議しに来たのであろう。

一方、長寿王は新羅を臣属させながら、新羅の軍事力を対百済・任那戦に動員したと思われる。『中原高麗碑』は、新羅寐錦の親朝と高句麗官位制への編入、高句麗軍の新羅領内駐屯と新羅人の動員の模様を具体的に描いている。新羅軍の動員はおそらく広開土王の百済攻撃時から始まったと推定され、倭の新羅侵攻もそのような事情に関係していた可能性がある。それればかりではなく、『史記』地理志によれば、高句麗は小白山脈を超え、迎日湾北方の興海まで進出し領域化していたのである。新羅本紀にそのことがないことから疑問視する向きもあるが、そのような記事が造作されるとは到底考えられず、それは史実に近いのである。本紀は四世紀以後、その北辺を比列忽（江原道安辺）と牛頭州（同、春川）としており、その後の領域変化はなかったとの立場であるが、それはまったく史実に合致しない。比列忽云々は六世紀のことで、新羅が高句麗軍を逐出して、雞立嶺路・竹嶺に達して小白山脈以南（慶尚道、嶺南地方）を掌握するのは、炤知麻立干紀二二年（五〇〇年）秋九月条に、王が捺已郡（栄州）の女性の許に通ったとあるのが確実な上限である。高句麗逐出記事は、同王三年（四八一年）三月条に、「高句麗与靺鞨入北辺、取狐鳴等七城。又進軍弥秩夫。我軍与百済・加羅援兵、分道禦之。賊敗退。追撃破之泥河西、斬首千余級」といえる。記事は高句麗軍の侵入を契機としているが、それは泥河（江原道江陵）が以前から新羅領であったという本紀の立場からの文で、実際は、新羅軍が弥秩夫（慶尚北道迎日郡北方）から高句麗軍を攻撃し、泥河まで占領したということである。それまで新羅は高句麗従属下にあったのであるが、そうすると、慈悲麻立干一三年（四七〇年）に西方に進出して、三年山城（忠清北道報恩）を築き、同一七年（四七四年）にもその周辺の諸郡に数城を築いたのは、高句麗の百済攻撃のための側面援助のためであったとしか考えられない。ここに「百済・加羅援兵」とあるが、加羅はともかく、「百済」は百済本紀に対応記事がなく、それは例外的であるから、百済参戦はきわめて疑わしい。『史記』は訥祇麻立干紀三九年条に、百済に遣兵してともに高句麗と戦ったとあるが百済本紀には対応記事がなく、百済の文周は「南行」したとあるが、新羅本紀には文周は新羅救援に向かったという。この時の百済にはそのような余裕はなく、新羅本紀がそれを四七四年にかけているのも、それは新羅に対抗した動きで、その年に文周は対新羅防禦戦に当たり、同行した木劦満致は任那・倭へと行き、共同作戦を組織しようとしたと思われる。これら百済・新羅同盟記事は『史記』完成時の一連の操作であろう。ただ、慈悲麻立干紀一一年（四六八）条には「春、高句麗与靺鞨襲北辺悉直城、秋九月、徴何瑟羅人年十五已上、築城於泥河」は高句麗本紀に対応記事があるので、それは『国史』の記事であるが、それも年次が繰り上げられているのである。

新羅の反攻はあったものの、長寿王の百済攻撃は続行し、五世紀末までには牙山湾界線（忠清南北道の北半部）まで進出した。その史料もやはり『史記』地理志にある。しかしその後、百済と新羅の同盟が成立し、ここに長寿王の南進は中途で挫折する事態となったのである。

第三節　倭五王の南宋通交

一　讃・珍・済・興の南宋通交

広開土王代以後の五世紀朝日関係史において核心的史料の一つとなるのは、『宋書』の倭五王記事である。『宋書』によれば、永初二年（四二一年）から昇明二年（四七八年）にかけて、讃・珍・斉・興・武の五人の倭王が江南の宋朝に遣使しており、その総数は一〇回に達している。ただ、四七七年と四七八年の武の連年の遣使は、四七八年遣使を二度に分けて掲載したもので（鈴木英夫『古代の倭国と朝鮮諸国』青木書店、一九九六年）、そうすると九回の遣使ということになる。これは倭王権の伸長を前提とする新しい動きであるが、倭王が自称した称号からみても、それは朝鮮情勢に深く関わるものであったことが確かである。倭王の通宋の対外的意義については、一般に倭の南朝鮮支配を前提として考察されてきたが、一九七九年の『中原高句麗碑』の発見によって、それらの旧説は再検討を余儀なくされた。南朝鮮の諸国家が政治的支配を受けていたとするなら、それは倭による支配ではなく、高句麗による支配といわねばならないことが明白になったからである。『中原高句麗碑』の発見は、倭五王の研究にも転機をもたらし、すでに有益な新見解が提示されている。新動向をふまえ、次に私見を記述する。

讃は永初二年（四二一年）・元嘉二年（四二五年）・同七年（四三〇年）に遣使して「安東将軍・倭国王」に叙正されている。この讃による通宋の開始は、なにを契機とし、またどのような目的をもっていたかである。この点について鈴木靖民氏（「東アジア諸民族の国家形成と大和王権」歴史学研究会・日本史研究会編『講座日本歴史』一、東京大学出版会、一九八四年）は、『中原高句麗碑』に明らかなように、四二一年頃、高句麗は新羅を臣従関係におきつつ、厳しくその軍事組織化を進めていたが、「この危機的な外圧のもと、百済の勧めによって倭の対宋外交が開始された」とし、四二五年・四三〇年の通宋も、「百済と共同歩調をとった可能性が強い」と指摘した。この鈴木説は、旧説を打破する新見解で、継承すべき基本的視点と考えられる。

四八一年までの高句麗の南方戦略は、百済を主敵としながらも、一方では新羅軍を動員して任那を攻略することにあった。任那攻略は百済を背後から脅かすことになるばかりか、なによりも百済と倭を切り離すことになるからである。したがって、それに対抗する百済の戦略は、正面からの高句麗の攻勢に対処する一方、任那・倭との軍事同盟を固めること、とくに任那を救援することにあった。倭としても、任那の滅亡は自国の孤立を意味するだけでなく、やがては高句麗・新羅連合の軍事力が自国に及ぶ可能性を意味するものであった。任那の滅亡は、鉄資源の供給が杜絶するというだけではなく、倭国自身の存亡に関わる問題と認識されていたのであろう。任那救援は、百済にとっても倭にとってもひとしく死活問題として把握され、共通の戦略的課題となっていたはずである。それに百済腆支王は、広開土王の南進時に渡倭して長期滞在し、倭とはかつてなかった関係を結んだ人物であった。腆支王五年（四一八年）には倭国の使者が百済を訪れて優遇されており、一四年（四一八年）には百済から倭国に使者が派遣されている。倭国との同盟をとくに重視した腆支王が、その対高句麗戦略の一環として、倭王讃に通宋を勧めたことはほとんど確実であり、かくして百済の援助の下に讃の通宋が四二一年に始まったのである。

讃による二回目の四二五年の遣使も、やはり腆支王の意図が反映されていると思われる。この時、讃は遣使奉表し、方物を献上しているが、この使者は「司馬」の曹達という人物である。「司馬」は、讃が宋朝から「安東将軍」に除授されたことによって設置された将軍府の司馬で、府主である讃の次席の僚属である。倭王が府官を派遣したのはこの一例だけであるが、そこには特殊な事情があったはずである。ここで注目されるのは、確実な百済王の府官派遣の例は、腆支王（余映）が四二四年に長史の張威を派遣したのを嚆矢とすることである。長史は府官の首席であるが、後にも百済王が南北朝に使節を派遣する時には、長史をその主席に任命するのを通例としていた。この四二四年と四二五年の百済と倭国の相つぐ府官の派遣は、決して偶然とはいえないであろう。曹達はその名からして、倭人ではなく、中国系人物とし、宋から安東将軍として讃の府官として派遣された人物とみる見解もあるが（山尾幸久『古代の日朝関係』塙書房、一九八九年）、そのようなことは一般にありえない。もし特例として宋が派遣したなら、『宋書』に必ず記録があるはずであるが、そのような記録もなく、もし派遣したとするなら、司馬ではなく長史を派遣したはずである。曹達が倭人でもなく、宋から派遣された人物でもないと、それは百済王が倭に派遣した人物である可能性が強い。もともと百済王の府官には中国系人物が大部分を占めていたのである。すなわち、腆支王は四二四年に府官の長史をはじめて宋に派遣したのにともない、司馬の曹達を倭に派遣し、讃にも将軍府を設置して府官を派遣することを勧めたのであろうが、倭の準備不足ということもあって、結局、曹達が讃の司馬として宋に派遣されたことが推測されるのである。四二五年の讃の遣使が四二四年の腆支王の長史派遣に次ぐもので、そして讃の使者が長史ではなく、司馬であったことを考えると、そう解釈するのがもっとも自然であろう。讃の司馬派遣は、倭との一層の緊密化を計った腆支王の布石であったと思われ、倭の将軍府設置は以後もなかったとみられる。『史記』毗有王紀（実は腆支王）二年（四二八年）春二月条、「倭国使至、従者五十人」とあるが、この使者の任務は任那情勢に関する協議と新斉都媛護送にあったらしい。翌年の四二九年、木羅斤資と沙々奴跪が任那に出兵し、新羅と戦っている。すなわち、四二七年の高句麗の平壌遷都という事態に敏感に対応して両国は婚姻を結び、さらに任那への共同出兵を敢行したのである。

四二九年に百済で毗有王が立つと、倭王は改めて阿礼奴跪を百済に遣わし、それに応えた毗有王は適稽女郎を倭に送った。これは同年の共同の軍事行動の成果をさらに固めたものと推測されるが、四三〇年の両王の南宋遣使も同じ文脈でとらえることができる。

以上のように、讃の対宋外交は、高句麗南進の脅威にさらされた百済・倭両国が、使節の往来、婚姻と共同の軍事行動を通じて、広開土王代以後の同盟関係を一層強化する目的をもって推進された。ゆえに、讃の通交は、東アジア世界への登場という倭王権の願望もさることながら、なによりも国際同盟強化の一環として開始された。それを主導したのは百済王権であって、倭王権の主体的意志はまだ弱かったといわざるをえない。

珍は元嘉一五年（四三八年）に遣使した際、「使持節、都督倭・百済・新羅・任那・秦韓・慕韓六国諸軍事、倭国

王」を自称したが、「安東将軍・倭国王」だけに除正された。承認されなかったとはいえ、珍が六国諸軍事を自称し、その六国のなかに百済をはじめとする朝鮮国名がみえるのは、やはり重要な問題である。

珍の自称称号の意味を考えるに当たっては、やはり四三八年という時期に注目する必要がある。蓋鹵王が魏に送った上表文にあるように、この時期から高句麗の百済攻撃が本格化してきたからである。蓋鹵王上表文について触れながら鈴木靖民氏は（前掲論文）、「倭の百済を介しての朝鮮への関与の目的は、第一義的に百済との友好関係を維持するために、その倭兵導入策に応じ、高句麗に対抗することにあったといえる。対宋外交で倭王が百済の軍事権を唱えたのもその裏付けを求めたものである」と指摘したが、やはり継承すべき視点と考えられる。

この点については最近の異説がある。熊谷公男氏は（『日本の歴史』三、講談社、二〇〇一年）、熊本県江田船山古墳出土銀象嵌銘中に「治天下獲加多支鹵大王（武）」と記されているのを倭五王史料と結びつけ、「治天下大王」は天皇号成立以前の列島支配者の正式な君主号であり、「天下」には「半島諸国」も含まれていると説く。しかし、埼玉県稲荷山出土鉄剣金象嵌銘には「天下」の語が文中にみられるものの、武は単に「獲加多支鹵大王」とされているので、「治天下大王」を正式の君主号とみるのには無理がある（河内春人「日本古代における〈天子〉」『歴史学研究』七四五、二〇〇一年）。熊谷説は銘文と『宋書』を強引に付き合わせたもので、一九六〇年代以前の研究の水準に回帰するものであろう。

鈴木英夫氏（「〈広開土王碑文〉と〈帯方界〉」高句麗研究会編『広開土王と東アジア』ソウル、二〇〇五年）は、自称称号は「かつてその地域で軍事行動を実際に行ったこと（九年己亥・十年庚子条の新羅侵攻、十四年甲辰条の帯方界侵入）を根拠に来るべき高句麗との戦争に当該地域の軍を率いて高句麗に攻め込むこと、すなわち十四年甲辰条のごとき軍事作戦を再度展開することの決意表明である」という。しかしこの見解も『広開土王碑文』と『宋書』

を安易に結合させたという批判を免れない。第一に、珍自称の都督管区に含まれた秦韓・慕韓は、五世紀代に朝鮮半島に存在したという明証は皆無であるということである。慕韓を全羅道の栄山江流域に残存した馬韓とみる見解（田中俊明「六世紀前半における東アジアの動向と倭国」吉村武彦編『継体・欽明朝と仏教伝来』吉川弘文館、一九九九年）があるが、秦韓が実在しなかったから、それは成立しえない。栄山江流域では四〜五世紀に大型甕棺墓が盛行し、それは百済墓制とは異なるので、その地はまだ百済領域化されていなかった小国であったと考えられてもいる。李鎔賢氏（「〈梁職貢図〉百済国使条の〈旁小国〉」『朝鮮史研究会論文集』三七、一九九九年）によると、『梁職貢図』百済国使条に「旁小国、叛波・卓・多羅・前羅・斯羅・止迷・麻連・上己文・下枕羅等付之」という司書が付されているが、他に所見のない止迷・麻連がその小国であろう。秦韓・慕韓に実体がないとすると、それは広開土王以来、高句麗が新羅・百済から奪った旧辰韓・馬韓の一部であったと結論される。

では、秦韓・慕韓の国名はだれが案出したのであろうか。倭にはそんなことに利害関係があったとはいえないから、それは百済が案出して倭に吹き込んだとしかいいようがない。慕韓の「慕」も回復するべき旧領への思いが込められているのであろう。第二に、「百済」が都督管区に編入されていることである。これについて鈴木靖民氏は、倭王には「倭中心での宗主国と属国という上下関係」という認識、あるいは「倭本位の中華意識」が存在したと説いている。これについては、次のような疑問が生ずる。百済王は四二〇年以後、一貫して鎮東大将軍を叙正されている。四三八年に珍は安東大将軍を要求したが、安東将軍に止められた。四四三年の済も同様である。帝紀には元嘉二八年（四五一年）には済への安東大将軍進号記事があるが、倭国伝には「安東将軍如故」とあって矛盾する。四六二年の興が安東将軍であり、降格は考えられないから、倭国伝の方が正確とみるべきである。倭国王が安東大将軍に叙正されたのは、四七八年の武の時だけである。一方、倭王は始終安東大将軍を求めたが、それは百済の鎮東大将軍より一級下なのである。鈴木説ではこの矛盾を説明することができない。倭は単独で通宋したのではない。それは百済と歩調を合わせた外交であったので、その称号についても百済と協議したはずである。四五一年の済は管区内に「加羅」を加えたが、それも有力な勢力に成長した高霊加羅の動向を注視する百済の情報によるものであろう。倭王の自称称号には百済王の意向が反映されていると思わざるをえない。百済王としては王城が陥落した三九六年の再来を考慮せざるをえない。その時には倭軍の出兵が期待されたことが管区内の「百済」として反映されたといえよう。百済王は倭王より上級の軍事指揮権を所有し、倭王はそれに従う、あるいは協議するべき立場にあったのである。その背後には百済を倭より重視する宋朝の権威があったことはいうまでもない。ついでに一言加えれば、管区内に安羅がみえないのは、『広開土王碑』の「安羅人戍兵」が「安羅人の戍兵」という名詞ではないことを傍証するということである。

二　武の上表文

昇明二年（四七八年）、武は緊急事態を訴えて宋朝に上表文を送ったが、それは当時の東アジア情勢に関する重要な史料である。上表文は前半と後半に分けられるが、前半部の解釈は山尾幸久氏の解釈（『古代の日朝関係』前掲）によってほぼ尽くされている。すなわち、その文章は、古典の成語・成句を多用し、四字の対句を連ねた華麗な駢儷体で、誇張・文飾が著しい。「東征毛人、五十五国、西服衆夷、六十六国、渡平海北、九十五国」は、「王道融泰、廓土遐畿」（宋の皇帝陛下の徳治はゆきわたり、陛下が支配する土地の境界を遠く広大なものにしました）を具体的に述べようとしたに過ぎず、字義通り客観視することはできない。「渡平海北」は広開土王代の倭の渡海出兵を誇張した表現とも解釈されるが、もし倭の南方に国が存在していたなら、「渡平海南」のことも述べたであろうことは、容易に想像される。上表文は武が祖先の軍事的功績を誇張しながら述べた目的は、祖先が皇帝から授けられた軍権を、皇帝の忠臣として、皇帝のためによく行使したことをいいたかったのである。古典の知識を援用したその上表文には、木満致などの百済人の関与が想定されるところである。

①臣雖下愚、忝為胤先緒、駆率所統、帰崇天極、道遙百済、装治船舫、而句驪無道、図欲見呑、掠抄辺隷、虔劉不已、毎致稽滞、以失良風、雖曰進路、或通或不。

②臣亡孝済、実忿寇讐壅塞天路、控弦百万、義声感激、方欲大挙、奄喪父兄、成之功不獲一簣、居在諒闇、不動兵甲、是以偃息未捷。

二文のうち、内容が時間的に先行するのは②であるから、②から検討することにする。

②の傍線部分によると、武の父の済は「寇讐」を討つ準備をしていたが急逝し、兄の興も相ついで死去したことになる。そうすると、済が戦争準備を整えようとしたのはその晩年ということになる。済は四六〇年一二月に遣使しており、四六二年には興が即位していたから、済は四六一年頃に死去したことになる。この頃の済の遠征計画は、四六一年の蓋鹵王弟昆支の来倭に関係すると考えられる。それは三九七年の太子腆支の倭派遣につぐ重大事で、新たな軍事的緊張のためであろうことは容易に推測がつく。当時、百済は高句麗の攻勢に苦しんでいたので、それと関係する可能性が考えられるが、あるいは任那情勢の悪化ということも考慮する必要がある。

上表文の①で、武は高句麗の「無道」と「辺隷」の危機を訴え、宋の出兵を初めて要請したのであるが、これはまた済・興の時とは異なる。通説では、「辺隷」を「宋皇帝の辺隷たる百済」の意と解し、傍線部分を主に四七五年の百済王城陥落事件のこととするが、上表文にはそのこと自体に一言もないから、それは論者の先入観である恐れなしとしない。

「辺隷」の解釈に新説を提起したのは奥田尚氏である（「〃倭の五王〃の〃倭〃について」『追手門学院大学文学部論文集』一九八七年）。奥田氏は「見呑」の「見」を受身を表現する語として、傍線部分を「高句麗は無道にいつも計画しねらっているので、倭は高句麗に併呑されそうである」と解釈した。氏によれば、「辺隷」は「宋朝の辺隷たる倭」のことであり、武の上表文は「高句麗に直接被害を受け併呑されそうな〈倭国〉の窮状を訴えるのを主眼」としたのである。奥田説は「見」を受身とするなど、文章解釈自体には難点があるが、「辺隷」の一般的意味からすると、それは「倭」でもあることを指摘した点は、四七五年に百済が一時的に滅亡したにもかかわらず、四七八年になってから遣使したことを合わせると、全体的に継承するべき内容を含んでいる。「辺隷」の一般的意味としては、「倭」を排除するいわれはなく、武が「封国偏遠、作藩于外」と自国について述べていることや、大明六年（四六二年）の興への詔に「新嗣辺業」とあることからすると、「辺隷」には「倭」が含まれているとみるのが自然であろう。武が「宋皇帝の辺隷」という時、それは端的にいって、武が自称した都督諸軍事の管区、すなわち「倭・百済・新羅・任那・加羅・秦韓・慕韓」を指すといってよい。これらの諸地域はひとしく高句麗によって「見呑」されたか、またはその標的の下にあった。これらの諸地域には実際に「掠抄」されているものも、まだそうとはいえない地域があるが、一部でも「掠抄」されているなら、「辺隷」は一体として「掠抄」されていると表現しえ、武が都督七国諸軍事を自称する以上、むしろそう表現するのが当然であろう。

　武が百済滅亡の二・三年後になって、百済を頼ることなく、自ら高句麗王と同じ開府儀同三司を仮して、宋朝の援助の下に高句麗と対決しようとしたのは、百済の滅亡や新羅の高句麗への従属ということだけでなく、それに続く、倭にとってより重大な、高句麗の脅威を直接にひしひしと感ずる事態が発生したといわねばならない。武が宋の出兵を要請したのを、百済だけのためにというのはもともと理に合わず、それはなによりも倭自身のためなのである。この時の倭の危機とは任那の危機であったであろうことは、推測に難くない。

しかし、この危機は間もなく鎮静した。四八一年、新羅が秘密裡に加羅と同盟を結んで一挙に高句麗軍を攻撃し、高句麗勢力を嶺南の地から逐出することに成功し、さらに百済と軍事同盟を結んだからである。ここに任那と倭は、広開土王以来の危機から脱することになったのである。

広開土王以来、東アジアの五世紀史は高句麗を軸として動いていた。一方、反高句麗勢力の中核は百済であった。九回の倭の通宋は、倭王の王権強化政策とも関連していたが、より一義的には高句麗南下に対処する、百済・任那・倭同盟の発現として遂行された。そしてそれを主導したのは百済なのであった。

第三章　任那の滅亡と「四邑之調」

第一節　任那の滅亡

任那加羅は金海の加羅を盟主として、卓淳・喙己呑・居柒山国がそれに結集した政治的連盟体であった。五世紀に高霊に有力な勢力が登場し、「加羅」を名乗ったので、任那加羅は単に任那と称され、金海の「加羅」は「南加羅」といわれた（後出。「百済本記」）。南加羅が「金官」と呼ばれたのは、末松保和氏（『末松保和朝鮮史著作集』四、吉川弘文館、一九九六年）によると六八〇年代であるという。しかし、新羅武烈王が南加羅王後孫の庾信の妹を妃に迎えたので、王妃の姓が要求され、庾信家は金（新金）氏を名乗ったと考えられるから、金官の国名はもうすこし溯る可能性がある。金官はもと南加羅の一邑であったが、金氏との関係でそれが採用されたといえる。法興王紀一九年条に「金海国主」降伏記事があるが、それは庾信玄孫の長清作『行録』から採用したものであるから、問題とするに当たらない。南加羅始祖王についても婆娑尼師今紀二三年秋八月条に「金海国首露王」記事がみえるが、それは七世紀に首露王後孫の金庾信が武烈王・文武王とともに「三韓一統」を成就したという事実を基に、同様な性格の記事を時代を溯らせて造作したものなのである（深津行徳「新羅石碑にみえる王権と六部」あたらしい古代史の会編『東国石文の古代史』）。『紀』では任那の用法が改変された。原史料の「在安羅諸倭臣」（欽明紀一五年冬一二月条）が、原本の「百済本記」では「安羅日本府」と改書され（同二年七月条）、それは稿本で「任那日本府」（欽明二年四月条）と変更された。「任那」は洛東江以西の総称とされたのである。

倭は武以後、通宋を断ったが、それは武以後の倭内部の複雑な事情とも関係するが、百済が新羅と同盟して高句麗に対抗したので、倭王権との関係をもはや重視しなくなったためでもある。一方、南部朝鮮では五世紀前半頃から高霊の加羅が有力になり、『南斉書』加羅国条によれば、建元元年（四七九年）に加羅国王荷知が使節を派遣してきたので、「輔国将軍本国王」に叙正したとある。『南斉書』の記事を参照して、田中俊明氏（同『大加耶連盟の興亡と〈任那〉』吉川弘文館、一九九二年）は、加羅王嘉悉王（嘉実王）が蟾津江流域を確保して南斉に遣使したものと説いた。また嘉悉王は五一六年以前に斯二岐国（宜寧）の于勒に命じて加耶琴一二曲を作曲させたので、当時まで加羅は東は洛東江、南は南江、西は蟾津江までを掌握していたと論じ、これを大加耶連盟と仮称した。田中説は加羅史研究に新鮮な刺激を与えたが、南江以南を除外したことには疑問もある。その理由は曲名中に安羅がないことにあるらしいが、曲名の一つ下加羅都は加羅の上加羅都に対応する名であるから、これはやはり南加羅と解するのがよいと思われる。安羅・多羅がみえない点は理由不明であるが、その両国が加羅を名乗る歴史的根拠がないから、やはり下加羅都は南加羅で、加羅は基本的には南江以南にも影響を及ぼしていたといえるであろう。後述のように、百済が蟾津江流域を掌握したのは六世紀になってからのことである。しかし加羅の南斉通交は、もっとも便宜のよい洛東江を通じてのこととみるのが自然である。加羅の影響下のこの地が加耶と総称されるようになったのはこの後のことであろう。加羅は倭王権ばかりでなく、九州や山陰・北陸地方とも鉄と塩の交易を活発に行なったとみられるが、継体が生育した越前との関係が見逃せない。その地からは五世紀前半以後、加羅系冠や耳飾・馬具・軟質韓式土器が出土しているのである。継体は、近江・北陸・尾張やヤマトのワニ氏を主要基盤として加羅との交易を通じて、巨大な勢力を形成したのである。継体は即位後に淀川流域に遷都したり、その陵墓（今城塚古墳）も高槻市に造営するなど、淀川を通じて、瀬戸内・北九州から朝鮮南部と関係をもち、やがて加羅王権とも接触するという、積極的な態度をみせていたと考えられる。

継体紀にはその後の加羅の動向を語る比較的多くの史料が残存する。それは近江臣氏関係の原史料と調吉士氏関係の原資料に基づいた二原本（前者をA本、後者をB本とする）と「百済本記」（以下、「本記」とする）である。それらは複雑に組み合わされ、潤色を加えられているが、煩雑な考証を避けて基本的内容を述べれば、次のようなことである。

まず「本記」の性格についてである。第一に倭人名は、初出史料の表記をそのまま生かし、次出記事からはそれを『紀』の氏族名表記に変えたことである。例えば河内直である。その初出記事は欽明紀二年秋七月条の「安羅日本府河内直」とその分注「百済本記云、加不至費直・阿賢移那斯・佐魯麻都等。未詳也」で、次出記事は五年二月条「河内直」とその分注「百済本記云、河内直・移那斯・麻都。而語訛未詳其正也」である。その間に四年冬一一月条にも河内直記事があるが、それは『紀』の造作文である。つまり、初出記事は原史料どおり「加不至費直」であったが、次出記事では「河内直」となっているのである。本文の初出記事の「河内直」は「本記」の次出記事を参考にした稿本の改筆である。五年三月条の「日本府」とその分注「百済本記云、遣召烏胡跛臣。蓋是的臣也」以下によると、初出記事は「烏胡跛」であるが、次出記事からは「的臣」である。ここで「烏胡跛」を「的」としたのは「本記」の判断であるが、烏胡跛はウジ名とは考えられないので、それは決して正解とはいえない。烏胡跛に「臣」が付されているのは、「本記」のこの判断と不可分であるから、その「臣」は原史料にはなく、「本記」の添加であるといえる。これとは別に、継体紀三年春二月条「遣使于百済」とその分注「百済本記云、久羅麻致支弥従日本来。未詳也」にみえる「久羅麻致支弥」は、『紀』の氏族に該当候補がなかったので、単に「支弥」の尊称を付するに止めた。以上のような例は随所にみられるので、それは動かしがたいことである。第二に、倭系百済官僚の問題である。欽明紀には、斯那奴（科野）次酒・紀臣奈率弥麻沙・物部施徳麻奇牟・物部連奈率用奇多・許勢奈率奇麻・物部奈率奇非・上部奈率科野新羅・上部奈率物部烏・東方領物部莫奇武連などの倭系官僚が登場する。このなかで信頼できるのは科野氏だけである。上部奈率物部烏も一応の形式は整えているが、名が「烏」一字だけでは体をなさない。欽明紀五年二月条の施徳斯那奴次酒はその後、施徳次酒・上部徳率次酒などと現われる。つまり倭人の場合と同じく、「本記」は初出記事を「斯那奴」とし、次出記事からは「科野」と記したのである。上部奈率科野次酒・上部奈率科野新羅も同一族として認めることができる。それに反し、他の人物はそうでない。百済官僚名の表記は、前部奈率真牟貴文のように、部名＋官位名＋姓名で示されるが、上部奈率物部烏以外には部名がない。それに物部氏のカバネは「連」であるが、あったりなかったりし、「紀臣」の「臣」は二字の必要性によって補われたに相違ない。氏族名表記も『紀』とまったく同じである。百済官僚が倭のカバネを称するのも奇怪なことである。要するに、これらの人物は百済人名の部名を削って、倭人の氏族名を挿入したとしか考えられない。第三に、「本記」は「日本」・「天皇」の語や「海表弥移居」（欽明紀一四年八月条）の語を用いていること、それに「河内」は七一四年の国名改定後の表記であることである。すなわち、「本記」は七〇四年後に編纂されたもので、『大宝律令』の朝鮮諸国を蕃国とする思想で貫かれているのである。第四に、「本記」編者は、書名の「百済」に合わせて、全体を百済を主語とする文章に改めたことである。

さて、継体紀以後の話を潤色を除いて、順を追ってたどることにしよう。継体二年（五〇八年）一二月条「南海中、耽羅初通百済国」の情報から始まる。同三年、倭が久羅麻致を派遣して百済との通交を再開する。同六年冬一二月に、穂積臣押山の奏言による「任那国上哆唎・下哆唎・娑陀・牟婁、四県」割譲記事があるが、この押山という人物は、二三年（五二九年）春三月条の「加羅多沙津」賜与記事にも関係しているので、本来は二三年頃の人物として造作されたと考えられ、「四県」地名も二三年頃の史料に出ていたと思われる。二三年には百済が昌原の熊川付近まで進出しているので、「四県」地名は熊川付近の四邑と推定される。それが六年条とされたのは、大伴氏が百済の路を受けて割譲に賛成したとあるから、この頃の大伴氏没落の理由づけとしたものであろう。

同七年、さらに倭から委意移麻が派遣され、百済姐弥文貴将軍・洲利即尓将軍と五経博士段楊尓をともなって帰国した。秋八月、「百済太子淳陀薨」。九年、至々が文貴将軍らに同道して百済に行き、一〇年に五経博士漢高安茂とともに帰国、段楊尓は百済に帰った。別に百済将軍灼莫古が倭の斯那奴阿比多と高句麗人安定らに同行して来倭した。この一連の記事は、倭国が学問の必要性を痛感する水準に到達し、その援助を百済に要請したことを示す。九年条分注に「百済本記云、物部至々連」でわかるように、これらの記事は阿比多史料を原史料とする「本記」に基づいているが、そこには伴跛関係記事があって異質であるが、それについては後述する。

情勢が変化するのは、四八一年に新羅とともに高句麗を攻撃し、四九六年に新羅に白雉を贈って、新羅と友好関係にあった(炤知麻立干紀一八年)加羅が、新羅と対立するようになってからである。その史料は継体紀二三年是月条である(その前の二一年夏六月条・二三年春三月条は造作文)。この条の前半は潤文であるが、後半には原史料があった。それによると、加羅王と新羅王女が婚姻したが、新羅の従者が各地で新羅衣冠を着用したので、阿利斯等が怒り、王女を新羅に送り返し、さらに刀伽・古跛・布那牟羅三城と北境五城を抜いた。ここに新羅と加羅は対立するようになったが、新羅の鉾先はまず任那の南加羅に向けられたのである。もうひとつの是月条に近江毛野の安羅派遣記事があるが、これは造作文で、同年夏四月と是月条に任那已能末多干岐が来倭して救援を求め、その結果、近江毛野臣軍が任那の熊川(任那久斯牟羅)に上陸したとあるのが事実に近い。ただし、任那王已能末多干岐は正確には加羅異脳王のことであるが、以下の記事の舞台が任那であったので、『紀』が「任那王」と改筆したのであろうが、任那王来倭というのも疑問で、実は毛野と行動をともにした異脳王臣下の阿利斯等が来倭したのであろう。この記事は『紀』が一括したもので、八年三月条によれば、新羅と任那の対立は五一四年以前に溯る。是月条は、二四年是年条の毛野病死に続く一括記事で、A本によったものであるが、それは毛野の任那滞留三年間を肯定的に記している。ただし、そこにはB本が組み込まれていて、複雑になっている。

この間に百済の動きがあった。七年（五一三年）夏六月条・一〇年秋九月条は歪曲された文であるが、それによって、百済が伴跛（加羅の別名）の己汶（蟾津江上流の南原付近）を占領したことがわかる。こうして加羅は百済・新羅の両国に対応せざるをえなくなったので、「築城於子呑・帯沙、而連満奚、置烽候・邸閣、以備日本、復築城於尓列比・麻須比、而絙麻且奚・推封、聚士卒・兵器以逼新羅」（八年三月条）という措置を取ったのである、ここで「以備日本」は「以備百済」でなければならない。改筆はその前に天皇が百済に己汶を賜与したという歪曲文を書いたためである。間もなく百済は、帯沙（河東）を奪取したが、至々が帯沙江で伴跛（加羅）の攻撃を受けているから、それは五一五年以後のことである。

二年から一〇年に至る一連の記事は阿比多史料によるが、「伴跛」・「帯沙」の固有名詞を使用しているのが特徴である。ただ、その間の七年冬一一月条「於朝廷、引列百済姐弥文貴将軍、斯羅汶得至、安羅辛已奚及賁巴委佐、伴跛既殿奚及竹汶至等、奉宣恩勅、以己汶・帯沙、賜百済国」には疑問がある。なぜなら、己汶・帯沙は新羅や安羅には無関係で、この時、帯沙はまだ百済領になっていないからである。「斯羅」という表記も他の記事と異なる。この文の解釈は難解であるが、阿比多は五五〇年（欽明一一年）にも百済に派遣されており、その頃に関係した人物名を借りて、ここに己汶・帯沙賜与記事を造作したものと考えておきたい。

斯那奴（科野）阿比多は百済移住民出身であろう。長野市松代大室古墳群は五〇〇基前後の積石塚からなるが、これらは五世紀中葉を含む後半期から形成され、その初期から百済の首都公州にみられる合掌形石室を内部構造としている。遺物としても古式の馬具や須恵器が発見されており、朝鮮移住民の墳墓と推測されている（大塚初重「積石塚の再検討」『日本歴史』五一〇、一九九〇年）。阿比多一族と阿比多とともに来倭した高句麗人の墳墓と考えてよいであろう。

次の史料は百済のさらなる前進を示す。

①（継体二五年冬一二月条分注―五三一年）其文（「百済本記」）云、太歳辛亥（五三一年）三月、軍進至于安羅、営乞乇城。是月、高麗弑是王安。又聞、日本天皇及太子皇子、倶崩薨。

②（顕宗三年是歳―四八七年）紀生磐宿祢跨拠任那、交通高麗。将西王三韓、整脩宮府、自称神聖。用任那左魯那奇他甲背等計、殺百済適莫尓解於尓林（分注。尓林高麗地也）。築帯山城、跨守東道、断運糧津、令軍飢困。百済王大怒、遣領軍古尓解・内頭莫古解等、率衆趣于帯山攻。於是、生磐宿祢進軍逆撃。胆気益壮、所向皆破、以一当百。俄而兵盡力竭、知事不済、自任那帰。由是百済国殺佐魯那奇他甲背等三百余人。

①によれば、百済はさらに西進して安羅の乞乇城（久礼牟羅）に至った。時あたかも磐井の乱が勃発し、継体はその渦中で死去した可能性がある。②は傍線部分だけが「本記」に典拠があり、その他の文は漢籍を用いた完成者の潤文である。その部分は欽明紀五年（五四五年）二月条の聖明王の言に、

③河内直（分注。百済本記云、河内直・移那斯・麻都。而語訛其未詳其正也。）自昔迄今、唯聞汝悪。汝先祖等（分注。百済本記云、汝先那干陀甲背・加臘直岐甲背。亦云那歌陀甲背・鷹奇岐弥。語訛未詳）倶懐奸偽誘説。為歌可君（分注。百済本記云、為歌岐弥、名有非跛）専信其言、不憂国難、乖背吾心、縦肆暴虐、由是見逐。

とあるのと同一事で、③の有非跛が紀生磐宿祢に、加臘が任那に変えられているだけである。②・③によれば、河内直の祖父は那奇他（那干陀）甲背で、父は加臘直岐甲背の鷹奇岐弥である。「加臘」は「加羅」であろうから、事件はまさに加羅で起こったことである。河内直一族はもとは加羅人であったが、河内直の父が五世紀末頃に倭に移住して鷹奇岐弥と称し、倭で河内直、また本国にもどって移那斯・麻都をもうけたのである（山尾幸久『古代の日朝関係』前掲）。そしてこの系譜は③の「加臘」が特異な表記であることからすると、「本記」は河内直氏の系譜を取り入れたものと思われる。有非跛は百済に派遣された倭人で、加羅の那奇他甲背らにまきこまれ、百済の適莫尓解を殺し、帯山城を築いて百済の東道を遮断したのである。怒った百済王が将を急派して、加羅の那奇他甲背ら三〇〇余人を殺害して加羅を掌握したのである。その事件は河内直の祖父と父の時で、聖明王が「乖背吾心」といっているから、五二三年から始まる聖明王代のことで、おそらく百済の安羅進攻とほぼ同一時期であろう。付言すれば、応神紀八年秋九月条の「東韓」の諸城は、この時、百済が加羅に進撃する過程で奪取したもので、応神とはなんの関係もない。

この間の毛野の動向については、二四年（五三〇年）の調吉士氏史料に基づくB本に詳しい。調吉士はこの年に任那に派遣され、翌年帰国したが、すぐにまた任那にもどった。調吉士の報告によれば、毛野はいろいろの紛争を起こし、ついには阿利斯等と対立するようにもなった。その間に百済・新羅軍が進攻してきたので、A本によれば、毛野は両国と交渉を試みたが、成功せず、五三二年、伊叱夫礼智干岐（伊斯夫）の率いる新羅軍によって、金官・背伐・安多・委陀（B本によれば多々羅・須那羅・和多・費智）四村を抄掠された。欽明紀夏四月条（五四一年）の聖明王曰によれば、それ以前に卓淳・㖨己呑も新羅に併合されたことがわかるが、それもほぼ同時期とみてよく、ここに任那は滅亡し、新羅に完全に統合されたのである。

第二節　新羅の領土拡張

新羅の任那統合と百済の加羅制圧以後、両国は安羅を境にして対峙することになった。百済聖明王（聖王）は、局面を打開するため、その二年（五四一年）安羅・加羅・卒麻（金海付近？）・散半奚（草渓）・多羅（陜川）・斯二岐（宜寧）・子他（居昌）の重臣たちを招集して協議したが、倭臣の参加はなかった。その目的は、百済の軍事的支配の下にあった小国を結集し、倭兵をも導入して、任那を復建することであった。その協議を受けて、聖明王は弥麻沙・己連を倭に派遣し、その結果、倭からは己麻奴跪がやって来た。しかし、当時安羅にいて影響力を揮っていたもと加羅系の河内直・移那斯・麻都は、新羅に通計して、別途の方策を模索していた。他の小国も消極的であった。そこで聖明王は欽明五年一一月に第二回目の会議を招集し、安羅に六城を修繕し、そこに倭兵三千を導入して配置すること、河内直らを倭に追放することを決定した。これ以後、河内直らの姿はみえなくなる。その間にも百済の医博士・易博士・暦博士らが倭へ派遣されていた。『元興寺縁起』によると、欽明戊午年（五三八年）に仏教が公伝された。

ところが九年（五四九年）夏四月、百済は倭の出兵中止を求めてきた。『史記』によれば、五四八年に高句麗が百済の独山城（『紀』の馬津城）を攻撃したので、新羅が出兵して救援したのである。百済・新羅は南方では対立しながらも、北方では対高句麗共同戦線を堅持していたのである。倭兵出兵の中止はこのためである。

一一年（五五〇年）に倭から阿比多が派遣されてきた。阿比多にとっては二度目の訪問である。そして阿比多帰国後、また百済の倭兵出兵要請があり、やがて倭の出兵が実現した。

以後は『紀』に年紀の乱れがあり、それを修正すると、五五〇年末に百済は上部徳率科野次酒・扞率礼塞敦・有至を倭に派遣して乞軍した。有至は先に百済に派遣された倭人であるらしい。それは五五一年の高句麗に対する大攻勢をひかえ、安羅などの後方を固める必要があったからであろう。五五一年、百済は高句麗の平壌（漢城付近に設置された高句麗の南平壌）を攻撃し、ついにもとの主都漢城を回復した。この時、新羅もこれに呼応して高句麗を攻撃し、南漢江上流を占領した。

一四年八月条、百済が上部奈率科野新羅らを派遣して、「今年忽聞、新羅与狛国通謀」と通報してきたことは、漢城占領後の五五一年八月、百済は高句麗・新羅両国の攻撃の的となったこと、とくに新羅は安羅を攻略して倭との連携を断とうとしたことを示す。百済使節の通報のなかに、日本兵がまだ至らない間に新羅が安羅を討って、日本への路を絶とうとしているとあるのがそれを示す。五五二年春正月、百済は中部木刕施徳文次・前部施徳曰佐分屋を倭に派遣し、倭の出兵を督促した。前年には科野次酒も来倭している。この時、「助軍数一千・馬一百・船卌隻」の派遣が約束された。五五二年六月、倭軍が到着し、その加勢をえた百済の東方軍は函山城を攻めて勝利したが、百済はさらに情勢の緊迫を告げ、「竹斯嶋上諸軍士」の増遣を要請した。ここで函山城とは、一般に管山城のことと
されているが、そうではなく、安羅付近としなければならない。一五年冬一二月条で、百済王とともに「在安羅諸倭臣」が救援を要請したとあるのがそれを傍証する。安羅は百済の対新羅最前線であり、そこへの倭兵導入こそ、百済が五四四年から一貫してとった戦略であったのである。しかしその直後の五五三年、新羅は百済が奪還した漢江下流一体を占領してしまったのである。

五四四年の聖明王敗死後、翌年に王子の恵が来倭した。その帰国に当たっては、筑紫君児、火中君弟が勇士一千を率いて弥弖に衛送した。ここまでの主要原本は「本記」である。

「本記」の原資料は主に阿比多と科野次酒史料である。阿比多は継体即位直後に百済に派遣され、五経博士の招聘のために働き、当時の百済情報を伝えた。五五〇年の再訪時にも情報を収集しているが、そのなかには高句麗安

原王彼殺とその直後の王位争奪戦記事（欽明六年是歳条分注。七年是歳条分注）があるが、内容が説話的で、『史記』とは少しも合わず、その扱いには慎重さが要求される。次酒は任那復建会議のために奔走し、五四四年と五五一年に来倭し、倭の出兵を訴えている。次酒は聖明王の対倭外交ブレーンで、任那復建記事がほとんど聖明王の言葉で埋められているのも、次酒がそれを知りうる立場にあったからであろう。次酒の倭滞留の間に聖明王が戦死したので、そのまま倭に留まり、関係史料を残したのであろう。「本記」に聖明王最後の記事がないのもそれと関連があるであろう。「本記」は河内直の系譜や恵関連の倭国史料も一部に利用している。「本記」は本質的には倭国史料で、原史料も複合的である。「本記」の性格として第五にこの点をあげることができる。

聖明王最後の記事は余昌物語とでも称すべき、説話的要素の豊かな興味深い内容で、一四年冬一〇月条・一五年冬一二月条後半・一六年八月（五五五年）条に分置されている。最後は、余昌が亡父明王のために一〇〇人を出家させるなど、種々の功徳を施したのち、一八年（五五七年）に即位したところで終わっている。「百合野塞」・「久陀牟羅塞」などの地名表記によれば、それは倭国史料である。それには二原本があるが、二本とも百済王名を明王・余昌（昌王）としている。「明王」・「昌王」は『元興寺縁起』にみられるが、原本はそれを継承した『四天王寺縁起』と『坂田寺縁起』である。したがって、『紀』の仏教王関係記事はこの二原本を参考にしたものが多いと推測される。なお陵山里古墳群のすぐ西方に陵山里寺址があり、一九九五年の調査では塔心礎から花崗岩製の舎利龕が発見された。その正面周囲には「百済昌王十三季太歳在丁亥妹兄公主供養舎利」の銘文が刻記されている。これにより陵山里寺院は昌王（威徳王）一三年丁亥（五六七年）に建設に着手されたことがわかるが、そうすると昌王即位年は五五五年となり、『史記』の五五四年とは一年の差がある。これは『史記』が当年称元法によっているが、当時は越年称元法によっていたための差異であって、『史記』の年次は正確で、『紀』の方は修正されねばならない。

新羅の攻勢は続いた。二一年（五六〇年）秋九月条から二三年（五六二年）是月（秋七月）までの記事がそれであるが、潤色が多く、年次も調節せねばならない。重要なのは二三年春正月条で、それは次のとおりである。

新羅打滅任那官家（一本云、二十一年、任那滅焉。総言任那、別言加羅国・安羅国・斯二岐国・多羅国・卒麻国・古嵯国・子他国・散半下国・乞飡国・稔礼国。合十国）。

本文は加羅の滅亡を意味する。「一本」の五六〇年は安羅の滅亡年である。「総言任那」以下は別史料による（後述）。「一本」の内容は阿羅の波斯山（咸安郡の末山里か）での戦闘で、調吉士伊企儺が壮烈な最期を遂げるところで終わるので、それは調吉士氏史料を原資料とする。こうして新羅は五六二年に洛東江から蟾津江までの小国をすべて統合することに成功した。それは新羅真興王代であるが、この王代の五五一年には南漢江流域を、五五三年には漢江下流をも手中にしていた。『真興王巡狩碑』によれば、一時、咸鏡道まで進出しているが、その後、比列忽州（江原道安辺）まで後退し、五五六年にそこに軍主を配置した。ここに新羅は領土を大きく拡大したのであるが、それは高句麗・百済両国を同時に敵にして戦うという、新たな問題を抱えこむことにもなった。

第三節　「任那復建」と「四邑之調」

欽明紀三二年春三月条「遣坂田耳子郎君、使於新羅、問任那滅由」によれば、五七一年に倭は新たに任那問題をもちだしてきた。しかし、任那は五三二年に滅亡しているから、この「任那」は欽明二三（五六二年）の「新羅打滅任那官家」を受けていることが明白で、敏達一二年秋七月条の本文「属我先孝天皇之世、新羅滅内官家之国」と、その分注「天国排開広庭天皇（欽明）二十三年、任那為新羅所滅。故云新羅滅我内官家也」によっても証明される。この「任那」は「加羅」の改筆であるから、五七一年に「問任那滅由」ということは問題にもならない。この時になって倭は新羅との新しい関係を模索したというに止まる。「任那復建」は欽明から敏達、敏達から用明へと遺言され、崇峻の軍事行動となって終結、推古以後には姿を消し、倭・新羅の友好関係が成立する。その間、崇峻四年（五九一年）には二万余の軍が筑紫まで出動し、推古一〇年（六〇二年）にも来目を撃将軍とする二万五千の軍衆が筑紫に派遣されている。五九一年の将軍らはすべて崇峻即位前紀の物部守屋討伐軍中にその名がみえ、あいつぐ二万余の軍勢を筑紫にまで派遣することにも無理があり、それは造作文とみてよいと思われるが、六〇二年のことは事実であろう。新羅・倭間には新しい問題が提起され、それは推古一八年（六一〇年）の新羅使人沙喙部奈末竹世士と任那使人（実は新羅副使）喙部大舍首智買が来倭して歓迎されたことで解決した。その問題とは「任那復建」などということではなく、「四邑之調」に関することであった。

その間の敏達一二年条には、長文の日羅関係記事があるが、それは歪曲が甚だしく、仔細な分析が必要である。原資料は大伴氏史料で、日羅は百済留学僧であったが、蘇我馬子の意向で帰国し、河内の石川を拠点にして布教に努めたが、なぜか難波で暗殺された。この間、大伴氏は始終日羅を援助し、その身内からはいちはやく出家する人物が出た。ところが『紀』では、日羅は「任那復建」の計を謀るため、天皇の招きを受けて帰国し、百済を誘引して、壱岐・対馬で百済兵を殲滅するということを建言した。百済に敵対するなどとは奇怪な言辞で、全体の流れに無知な構想である。日羅が「任那復建」に結び付けられたのは、宣化紀二年（五三七年）冬一〇月条に「天皇、以新羅寇於任那、詔大伴金村大連、遣其子磐与狭手彦、以助任那」という、任那滅亡に関する大伴氏史料があったのに関係するのであろう。欽明紀二三年八月条分注所引「一本」によると、狭手彦は五五〇年に百済に派遣されている。おそらく阿比多・日羅と同行したとみてよい。

さて「四邑之調」であるが、敏達四年（五七五年）六月条にある「新羅遣使進調。多益常例。并進多々羅・須奈羅・和陀・発鬼、四邑之調」の解釈が問題となる。末松保和氏（末松保和『末松保和朝鮮史著作集』四、前掲）はこの四邑名と、推古八年（六〇〇年）春二月条に新羅と任那の戦争に倭が介入して、新羅から多々羅・素奈羅・弗知鬼・委陀・南迦羅・阿羅々六城を奪ったという奇怪な記事に出る六城（南迦羅はその上の四城の総称として、実際は五城とする）名は、継体紀二三年夏四月是月条の、新羅抄掠四村名とほぼ一致するので、「四邑の調」とは「任那の調」に他ならず、それは「任那併合後、新羅の義務として原則的に課せられたが、或は五七五年に至って約束されたかに起源を置くと考えられ、その約はとかく怠られ勝ちであったので、六〇〇年に至って、積極的要求、即ち穂積臣らの出征となり、その結果、かの約は再確認された」と説いた。これに対し、鈴木英夫氏（同『古代日本と朝鮮諸国』前掲）は、「神功皇后物語」に類似した倭軍の出兵や六城割譲は、『紀』の造作であるが、それは新羅が対倭外交の一環として、「任那」使を派遣して「任那の調」を納入した事実の起源譚であり、そして「任那」とは旧金官国王家を指すと説明した。しかし、「四邑」には「任那」の語が冠されておらず、新羅が進めたとあるから、「任那の調」という語を用いるのは誤りである。「新羅遣使進調」も『紀』の常套的な文辞であるから、それを直ちに事実化することも避けねばならない。まだこの段階では両国は敵対関係にあったことも考慮する必要がある。三箇所に似た地名が出るが、必ずしもすべて同地ともいえず、地名表記も同一ではないから、それはそれぞれその時々の史料によるものと考えねばならない。重視せねばならないのは、新羅が南海岸一体を支配していたので、倭の交通路が遮断され、倭が孤立していたことである。敏達四年には早速、吉士金子が新羅に派遣されており、推古八年春二月条の「六城」の時には難波吉士神がやはり新羅に派遣されている。敏達四年と推古八年にはそれはこの問題をめぐる交渉が続けられたということであろう。それは難航し、ついには六〇二年の筑紫出兵にまで及んだということになる。結局、一連の記事が含む事実は、五七五年と六〇〇年に倭がそれらの海港地への寄港権を要求したということであったが、それは容易に認められず、軍事行動にまで発展する可能性が生じたので、やっと妥協が成立し、六一〇年の新羅使者訪倭が実現したのである。新羅の妥協の背景には、百済が武王二年(六〇二年)、高句麗が嬰陽王一四年(六〇三年)に新羅を攻撃したという事実がある。このような情勢を受けて新羅は親倭路線に転じ、これら港の寄港を認め、以後の友好関係が続く。顕著な例としては、推古三一年(六二三年)に新羅使が仏像一具、金塔と舎利、大観頂幡一具、小幡一二条を将来し、合わせて唐学問僧恵斉・恵光、および医恵日・福因らを送ってきたことである。以後、舒明四年(六三二年)、唐学問僧の霊雲・旻らが、同一一年には唐学問僧の恵隠・恵雲が、同一二年には唐学問僧清安・学生高向漢人玄理が、新羅送使に従って帰国した。これらの人物はその後の政治や仏教界で重要な役割を果たした。かれらは唐からの帰途、新羅王都に滞在し、新羅の学問や仏教にも接したのであって、「この時期の大唐学問僧は、同時に新羅学問僧の一面をもって」いたのである(田村圓澄『日本仏教史』四、法藏館、一九八三年)。

第四章　秦氏と漢氏

第一節　秦氏と漢氏の出自

秦氏と漢氏の出自については、『記』・『紀』にそれに関する明文がないことから、まだ定見をみない。「秦」・「漢」の用字が示すように、この両氏はある時期から中国系を主張するようになるが、歴史的状況からすると、基本は朝鮮南部住民、とくに総称としての「加耶」（以下もその意味で使用する）系住民としか考えられないので、この問題は朝鮮史の側面からもっと掘り下げる必要がある。

漢氏はアヤ氏であることに異見はないが、秦氏についてはそうでもない。『新撰姓氏録』（八一五年撰）の秦忌寸条は「秦」を「波陀」としているが、「陀」は一般にダであること、『古語拾遺』（八〇七年撰）も「波陀」としていて、その由来を献上の布が「肌膚」に柔らかであったからと、「肌膚」に付会していることから、「秦」はハダと発音するのが通説的であるが、加藤謙吉氏は（『秦氏とその民』白水社、一九九八年）、ハタを主張する。その理由は「陀」にはタの訓もあること、『新撰姓氏録』太秦公宿祢条は「秦」を「肌膚」に付会しながらも、「波多」としており、この「多」はタに限られ、「秦」の氏名を「波多」とする実例も存在するということである。

ハタかハダかは微妙な問題であるが、「肌膚」に付会されていることからすると、やはりハダが本来の訓であろう。「肌膚」のハタへの付会はどうみても無理であるし、ハタなら織機にかけての氏名起源説を創作したと考えられるからである。「秦」の訓は朝鮮語に由来するとされるが、母音の次の子音は濁音化するのが朝鮮語の一般的傾向であるから、ハダから「肌膚」が付会された後、ハダが倭風化してハタともされたといえるであろう。『新撰姓氏録』

や『古語拾遺』は平安時代の史料であるが、すでに指摘されている（岸俊男『日本古代文物の研究』塙書房、一九八八年）ように、奈良時代の万葉歌に、

　赤らひく秦不経寝たれども心を異にわが思わなくに（巻一一、二三九九）

とあって、「秦不経寝」は「はだもいねず」としか読めないから、確実な最古の訓読史料はハダなのである。加藤氏は、「漢氏と秦氏ではウジ（氏）そのもののあり方に明確な差が認められ、日本への渡来事情も自ずから異なると思われる」から、秦氏・漢氏の氏名の由来を統一的な視点で解釈する必要はないとするが、しかし著名な中国王朝名を自他ともに認める氏名の用字としている以上、本来の氏名も併称されるべき由来をもっていたと、まず考えてみねばならない。

　その点で注目されるのは、ハダ・アヤを朝鮮の小国名や地域名に由来するとみる、一連の見解である。この見解は鮎貝房之進氏（『雑攷』二、一九三一年）に始まるが、氏はまず、アヤを安羅に因むとし、さらに神功紀四九年条の七国平定記事に「安羅」が含まれていること、『広開土王碑文』に「安羅人戍兵」の語がみえることを指摘して、倭と安羅の古くからの関係を示唆した。そしてアヤが国名であるから、ハダも国名あるいは地名とみなした。つまりハダはパダ（海）に通じるから、『史記』地理志にみえる蔚珍郡海曲県の古名「海旦」や、その近くの三陟郡海利県の古名「波利」がそれに該当するとし、加えて秦氏の族長である太秦（ウズマサ）のウズ（ウツ）も蔚珍郡の古名「于珍」に基づくと説いたのである。山尾幸久氏は鮎貝氏のアヤの安羅説を支持し、かつハダ（パダ）を波旦・波利、ウツマサを于珍村に比定し、秦氏の出自は蔚珍を中心とする小国であると述べ、鮎貝説に近い見解を提示した。ただ山尾氏（『日本古代王権形成史論』前掲）は、『記』・『紀』が秦氏と漢氏の起源を応神代にかけているが、実

際は漢氏は「五世紀中ごろ」、秦氏は「五世紀後半から末ごろ」と推定した。とくに秦氏については、五世紀後半から末葉にかけて蔚珍地方は高句麗の軍事支配下に置かれていたことが移住の理由であると考えた。漢氏移住についてはとくに言及がないが、やはり碑文の「安羅人戍兵」などを念頭に置いているのかもしれない。

以上の両説はハダ・アヤをともに国名・地名に由来すると考えるものであり、論理的には一貫性がある。しかしそれは、アヤの安羅説を前提にして成立し、碑文の「安羅人戍兵」にも影響されているから、根本的に再検討を要する。四・五世紀、倭ともっとも近接して密接な関係にあったのは任那であった。安羅は任那に北接する、より内陸部の国であって、四・五世紀に倭と国家的関係をもったという明証はない。確実なのは任那滅亡後、新羅との対抗上、百済が安羅に倭軍を導入しようとした六世紀からのことである。任那が存在した以上、アヤは安羅に由来するとは必ずしもいえないのである。

このことはハダの波旦説、ウズマサの于珍説にもいえる。蔚珍地方は数十年間高句麗の支配下にあったが、新羅がそこを奪還したのは四八一年であった。確かに五世紀の蔚珍地方は政治的に不安定であったが、だからといって慶尚道と江原道の境界付近の住民集団が、それまで無関係であった倭に移住したということは考えがたい。それにウズマサとは秦酒公が「百八十種勝」を領率した（雄略紀一五年条）とあることからすると、マサ（勝）を伴造的に統率したウズマサ（貴勝）の意で、秦氏の族長を指す語とみるべきであろう（三品彰英『日本書紀朝鮮関係考証』上、吉川弘文館、一九六二年）。国名説は再検討の余地があるが、そうすると、ハダを「多」・「大」の意味をもつ朝鮮古語とする梁重海説（「秦氏の〈ハタ〉は多・大の意味」、『東アジアの古代文化』二一・二二、一九七九・一九八〇年）が想起される。梁説については「秦氏が大集団になったのは国家の把握分類の結果であって、到来時の秦氏の実情ではないとするならば、〈巨〉・〈多〉説も否定されるべきかもしれない」という批判（中村修也『秦氏とカモ氏』臨川書店、一九九四年)があって無視できない。梁説は参考になるが、それはやはりアヤとの対比のなかで説明せねばならない(後節)。

一方、秦・漢という中国王朝名の当用についてはどうであろうか。秦氏については、『後漢書』韓伝に辰韓の「秦之亡人」説が説かれており、「辰韓」を秦韓とも称したとあるので、経緯はともかく、それが参照されたことは否定できないであろう。山尾氏はアヤ氏が漢氏になったのは、「六世紀前期に、百済から渡来した南朝人または南朝系百済人を中心とする〈新漢人〉を統括するようになってからであろう」と推測するが、百済から渡来した南朝人または南朝系百済人がどれほど確認できるかはおぼつかない。それよりももしハダ氏が先に秦氏になったとしたら、後述のようにそれは確かと思われるが、ハダ氏と併称されるアヤ氏が漢氏となるのは、自然な趨勢であろう。

秦・漢の漢字の当用については以前から指摘があるが、加藤氏は『元興寺縁起』所収の『法興寺塔露盤銘』に「山東漢大費直」、『天寿国繍帳銘』に「東漢末賢」・「漢奴加己利」・「椋部秦久麻」の名がみえることから、その時期を六世紀末から七世紀初とし、その理由については、秦氏も漢氏も基本は加耶系であるが、加耶諸国が六世紀後葉までに滅亡したこと、それに「おそらく六世紀末以後、朝鮮諸国に対する〈蕃国〉意識が形成される過程に、アヤ氏やハタ氏は出自を中国系に改変し、〈漢〉・〈秦〉の氏名を用いるようになったと考えられる」と説明する。六世紀末頃の倭の「朝鮮諸国に対する〈蕃国〉意識」などの言説には賛同しがたいが、秦氏も漢氏も基本的には加耶系住民であること、その文字の当用が加耶諸国滅亡に関係するであろうことは、参考に供することができる。

要するに、ハダ氏とアヤ氏が秦氏・漢氏と併称されたのは、この両氏が加耶系住民を代表する存在であったからであろう。その二大区分とは結論を先にいうと、韓族と穢族である。そのなかでも祖国が滅亡した条件のもとで、韓族が『後漢書』の「秦韓」に注目し、秦＝韓という意味をもこめて「秦」字を用いたと推測される。アヤ氏の「漢」

字の使用は秦氏に追随した結果といえるであろう。

第二節　韓族と穢族

古代の朝鮮半島中南部は主に韓族の居住地として知られているが、穢（濊）族の存在も無視できない。穢族は、江原道から咸鏡道にかけての東海岸地域と中国東北地方の松花江流域に居住した、「狩漁獵、特に漁撈」に従事した種族であると説かれてきたが（三上次男『古代東北アジア史研究』吉川弘文館、一九六六年）、武田幸男氏（『高句麗史と東アジア』前掲）は、『広開土王碑』に広開土王が百済を撃って略来した民が「新来韓穢」と称されていることを重視し、さらに『史記』や中国史料などをも参考にして、穢族は「新羅王都のすぐ北まで南下していただけでなく、脊梁山脈のはるか西方の西海岸近くまで進出しており、意外に広い活動範囲をもっていた」ことを明らかにした。さらに氏は広開土王の「旧民」のなかの「東海賈」にも注目し、それは「古くから穢族（沃沮族を含む）の漁撈活動に基盤を置いてきた商賈集団」でもあり、その商賈の道は遠く中国に通じていたと説いた。その淵源は活動的な商賈集団でもあったのである。『三国志』・『後漢書』によれば、穢族は狩猟と獣皮の交易、養蚕・農業を営んだだけでなく、畜産や武器製作などの手工業も活発に行ない、鉄の交易をめぐっては、弁辰地方にも進出していた。

穢族はもと高句麗の支配下にあり、かつ農地も狭小であったので、その朝鮮半島中南部への移住は盛んであったに違いない。碑文はまさにこのことを証明しているが、『三国志』韓伝に、

> 桓・霊之末、韓・濊彊盛。郡県不能制、民皆流入韓国。建安中、公孫康分屯有県以南荒地、為帯方郡。遣公孫模・張敞等、収集遺民、興兵韓・濊。旧民稍出。

とあるが、ここに「韓・濊彊盛」・「興兵韓・濊」とある筆法からすると、穢族は単に江原道あたりの住民だけを指しているのではないといえよう。穢族は比較的自由に活動範囲を広げ、そのなかでも小国分立状態にあった弁韓への移住はもっとも容易であったと思われる。そして流移民である穢族は、農耕民としてよりは、漁撈・狩猟・牧畜・手工業・商業分野に従事するものが多かったに違いない。

南部朝鮮の穢族のなかには、五世紀に倭に移住するものも必ずいたはずである。それを示すのが『隅田八幡神社人物画像鏡』である。その鏡銘の判読と解釈についてはまだ定見をみないが、癸未年に乎(男)弟王が意柴沙加宮に在る時、斯麻が長く奉えんことを念じて、開中費直穢人今州流の二人を遣わしてこの鏡を作った、の意ととれる。車崎正彦氏(「隅田八幡人物画像鏡の年代」宇治市教育委員会編『継体王朝の謎』河出書房新社、二〇〇一年)によれば、この鏡は倭鏡であり、変遷年代からすると「癸未年」の釈文が正しいなら、それは五〇三年以外には考えられないという。乎弟王(継体)はこの頃には即位していたと推測され、鏡は継体即位を祝って斯麻が贈ったものであろう。『紀』は継体即位年を五〇七年とするが、それは系譜二で武烈・安閑・宣化の三王が加えられたため、雄略から欽明の間の在位年を調整したためであって、継体即位は五〇〇年頃のことに相違ない。斯麻は継体の近親者か側近と考えられ、摂津三島の高槻市新池埴輪窯で、茨木市大田茶臼山古墳と継体真陵の高槻市今城塚古墳の埴輪を製造していることからすると、摂津三島の首長の通称である可能性が強い。製作人は、開中費直穢人と今州流なのか、開中費直と穢人今州流なのかが問われるが、「費直」が一種の称号と判断されるから、今州流にもなんらかの所属か社会的地位を表現する語が付されていたとみてよく、「穢人今州流」の釈読が合理的であろう。倭地での穢人の存在は、これによって確証されようが、今州流の背後には数多くの穢人を想定することが可能である。

鏡銘の「穢人」がどう読まれたかは確答できないが、三品彰英氏は「アヤ人」と訓読した。氏はアヤの安羅説に依拠しながらも、「〈穢〉は〈濊〉の当字で、『三国史記』などでは濊を正確に種族名としてよりも漠然と北の外蕃人を呼称しているのであり、アヤ人すなわち諸蕃に〈濊〉を当用したと考えてよかろう」とするが、そのアヤの安羅説や、「濊」の理解には同意できず、「アヤ人」の訓読にも明証が欠ける。しかし結局、「アヤ」が「穢」から導き出されたとはいえるであろう。実際上、穢人集団を除外して、アヤ氏の出自を他に求めることは困難と思われる。

日本列島の住民は「倭人」と呼ばれたことからみても、「穢人」・「韓人」は少なくとも五世紀の段階では音読されたと考えられる。「穢人」が「アヤ人」となるのは、有力な穢人集団が飛鳥一帯に集住し、「穢」から導いた「アヤ」をウジ名とした時に始まり、各地の穢族がアヤ氏によって組織されて完了するのである。加藤氏によれば、アヤ氏には東漢氏と西漢氏の二系統があって、東漢氏がまず五世紀後半から末に成立し、西漢氏はそれよりも若干遅れて成立した。鏡銘の「穢人今州流」はまだアヤ氏ではないが、その後間もなく、西漢氏を構成した存在であったのであろう。

「穢人」がアヤ氏になった経路は以上のようなものと思われるが、「韓人」がハダ氏となった理由は、少し事情が異なる。広開土王は、百済の住民を「韓穢」と把握していたが、少なくとも五世紀の百済にはそのような観念はなく、自国の民はあくまでも百済人であり、韓人は別の存在であった。百済にとって「韓」とは別の存在であった。百済にとって「韓」とは、四五一年に倭王済、四七八年に倭王武が自称して叙正された「都督諸軍事」の管区のなかの「秦韓」・「慕韓」がまさにそれであった。この百済・新羅・任那・加羅などから区別された秦韓・慕韓とは国名ではなく、広開土王以来、高句麗が新羅・百済から奪取した地域を指称したものであって、それは現実的には百済・新羅領ではないが、だからといって高句麗領とは認められない旧辰韓・旧馬韓の一部の地なのである。百済が高句麗領となった旧辰韓の一部を「秦韓」と称するようになった点については、やはり『後漢書』の「秦韓」に関する知識とは無関係ではないであろう。馬韓の一部を「慕韓」といったのも、これと連動してのことで、「慕」には旧領に対する百済の思いが込められているといえる。これによれば、百済にとって「韓」とは、高句麗が不当に奪取した、返還されるべき地の意味であって、そこで高句麗支配下に甘んじている住民こそ「韓人」なのである。

四八一年に新羅が「秦韓」の地を回復したうえ、六世紀後半に加耶地方を完全に統合し、ほぼ同じ頃、百済が栄山江流域を完全に領土化すると、百済の今までの韓人観は消滅し、それに代わって、百済が支配権を行使するべき加耶の地を「韓」とする新韓人観が形成された。応神紀一六年是歳条の「東韓之地」とは、原史料では、五三〇年代に百済が高霊の加羅に進撃して奪取した七城の地を指し、欽明紀五年一一月条の「南韓」とは、百済が五三一年までに占領した南部加耶地方を指す。これによれば、六世紀の百済にとって、加耶地方は全体的に「韓」地であり、加耶人は「韓人」なのである。もちろんそうなるためには、加耶地方が全体的に「加耶」と認識されたという前提が必要である。ここに「韓」は加耶（加羅）となり、倭では「韓」の訓が「カラ」となったのである。

加耶人が韓人と総称されると、韓人と穢人の区別が曖昧にならざるをえない。そこでまず穢人が五世紀後半から末にアヤ氏と称し、それより遅れて六世紀中葉までに韓人はハダ氏を称するようになった。「ハダ」とは、穢人に対する多数派の意味であるが、「韓」（han は多の連体形）自体にもそのような意味があったのである。

韓族のハダ氏が「秦」字を当用したのは、祖国が滅亡したため、出自を中国系と改めたためであるが、その際に利用されたのが、同じ「韓」字をもつ「秦韓」であったのである。こうしてハダ氏＝秦氏が成立したと想定される。アヤ氏が漢氏を称したのは、それに追随してのことといえる。

応神紀一四年是歳条に秦氏の始祖と後世に伝えられた弓月君来帰記事がある。弓月君は百済より来帰したとあるのに、その人夫百二十県は加羅に留まったとある、一見不可思議な記事である。これは秦氏が加羅系住民でありながらも、先祖は帯方郡出身としたため、交通路の便宜上からしても、百済からの来帰ということにしたのであろう。「弓月」とは朝鮮音で「クダラ」を表わす語とも考えられている（笠井倭人『古代の日朝関係と日本書紀』吉川弘文館、二〇〇〇年）。

なお付言すれば、隋唐代より中国では高句麗・百済・新羅を「三韓」と一括して称するようになった（盧泰敦「三韓についての認識の変遷」『韓国史研究』三八、一九八二年）。こうして朝鮮三国全体が「韓国」とも認識され、「カラ」の意味は次第に拡大されて、ついには唐をも指す語ともなった。『万葉集』所収の遣唐使関係の天平勝宝二年（七五〇年）と四年の二首（巻一九、四二四〇・四二六二）がその実例で、「唐」は「カラ」と訓読されているのである。

第五章　倭隋外交と朝鮮三国

第一節　倭国の遣隋使派遣回数

倭隋外交をめぐっては、倭の遣隋使派遣回数、その目的と対隋姿勢、それに連動する倭と朝鮮三国との関係、あるいは当時の倭王が男王なのか女王なのかという問題、それになぜ隋を「大唐」と称したのかなど、きわめて謎が多い。

なかでも最初に解明せねばならないのは、派遣回数とその流れについてである。基本史料は『隋書』帝紀・倭（原文では俀）国伝と推古紀であるが、両者の記述が一致しないことから、その回数を三回・四回・五回・六回とする説がそれぞれ唱えられてきた。最近、鄭孝雲氏（「遣隋使の派遣回数の再検討」『立命館文学』五五九、一九九九年）は、通説化している六〇〇年第一次派遣説を否定し、改めて三回説を提唱し、正式には一回説を唱えた。鄭説は卓説と考えられるので、以下は鄭説を要約・補足しながら、その流れを追ってみたい。関係する次の記事は、①②④⑦が隋書、③⑤⑥⑧が推古紀である。

①開皇二十年（六〇〇年）、倭王、姓阿毎、字多利思比孤、号阿輩雞弥、遣使詣闕。上、令所司訪其風俗。使者言、倭王以天為兄、以日為弟。天未明時、出聴政、跏趺坐、日出便停理務、云委我弟。高祖曰、此太無義理。於是訓令改之。〈倭国伝〉

②大業三年（六〇七年）、其王多利思比孤、遣使朝貢。使者曰、聞海西菩薩天子、重興仏法、故遣朝拝、兼沙門数十人来学仏法。其国書曰、日出処天子、致書日没処天子、無恙、云云。帝覧之不悦、謂鴻臚卿曰、蛮夷書有無礼者、勿復以聞。〈倭国伝〉

③（推古一五年秋七月、六〇七年）大礼小野臣妹子遣於大唐。以鞍作福利為通事。

④（大業）四年（六〇八年）三月壬戌、百済・倭・赤土・迦羅舎国、並遣使貢方物〈帝紀〉

⑤（推古一六年夏四月、六〇八年）、小野臣妹子至自大唐。唐国号妹子臣曰蘇因高。則大唐使人裴世清・下客十二人、従妹子臣至於筑紫。（中略）。（秋八月）唐客入京。（中略）。召唐客於朝廷。（中略⑬の前半部分）。時使主裴世清親持書。（中略。後出⑪の国書）。（九月）唐客裴世清請罷帰。則復以小野妹子臣為大使、吉士雄成為小使、福利為通事、副于唐客而還之。（中略。後出の⑫の国書）。是時、遣於唐国学生倭漢直福因・奈羅訳語恵明・高向漢人玄理・新漢人大圀・学問僧新漢人日文・南淵漢人請安・志賀漢人慧隠・新漢人広済等、并八人也。

⑥（推古一七年秋九月、六〇九年）小野臣妹子等、至自大唐。唯通事福利不来。

⑦大業六年（六一〇年）春正月己丑、倭国遣使貢方物。〈帝紀〉

⑧（推古二二年、六一四年）六月遣犬上御田鍬・矢田部造於大唐。（二三年秋九月）犬上御田鍬・矢田部造、至自大唐。百済使則従犬上君而来朝。

鄭氏は、①は本来②と一連のもので、六〇七年のことであるが、なんらかの錯覚で六〇〇年記事として分離されたものとする。その論拠は、①の対応記事が帝紀や推古紀にみえないこと、『通典』や『宋史』は①と②を同一年のこととしていること、『隋書』には高麗伝にも、五九〇年の平原王死去・嬰陽王即位年を七年後の五九七年としているという例があること、内容的にも、①には隋帝の引見記事や倭の国書のことがないが、それは②にみえること、①の「倭王、以天為兄、以日為弟」や「阿毎」「多利思比孤（天垂りし彦＝天児）」について、隋帝は「此無義理」といって、訓えて改めさせたのに、②の国書では倭王は「天子」を自称していて、改めていないことなどである。最初の遣隋使関係資料が倭国側になかったとか、また最初の遣隋使が国書を携行しなかったとか、隋帝が倭使を引見しなかったとは考えがたいから、①と②は一連のことで、第一次遣隋使は六〇七年のことなのである。そうすると、①は②〜⑤までの一連の記事のなかで検討されねばならない。

第一次遣隋使の旅程は次のようであった。六〇七年七月三日に大礼小野臣妹子と通事の鞍作福利が出発し（③）、その年のうちに隋に到着（②）、④によれば、翌年の六〇八年三月一九日に隋帝に謁見し（その内容と倭の国書が①・②となる）、⑤によれば、四月に（三月に閏月があった）隋使の裴世清らとともに筑紫に帰還した。裴世清は国書を携行して八月に入京、倭朝廷に参向し、倭王と会見した。裴世清は同年九月一一日に帰国の途についたが、それには小野妹子と鞍作福利が四人ずつの学生と学問僧をともなって同行した。これが第二次遣隋使であるが、⑥によれば、六〇九年に妹子は、福利らを残して帰国した。この時の妹子の往来期間があまりにも短いので、妹子は百済からひき返し、福利以下だけが隋に向かったと思われる。⑦の倭国朝貢は福利らのことであるが、福利の滞在期間が一年ほどの長期に及んだのは、煬帝が六〇九年九月まで北辺巡行の途にあったからである。隋で学んだ学生・留学僧は、その後の倭国の政治や仏教の発展に重要な役割を果たすことになる。

第三次遣隋使の犬上君御田鍬が出発したのは、推古二二年（六一四年）六月で、翌年の九月に帰国した。やはり関連記事で「至自大唐」とあるが、倭国伝末尾に、裴世清帰国以後は、「此後遂絶」と結んでいること、帝紀にも

⑦を除いては倭使の記事がないこと、推古紀に「百済之使、則従犬上君而来朝」とあることなどから、御田鋤は隋には行かず、百済からひき返したのである。その頃はちょうど、隋が第四次高句麗遠征の失敗で混乱していたため、百済で情勢の好転を待ったが、あきらめて帰国したことになる。遣隋使は、実質的には六〇七年・六〇八年の二回に止まったのであるが、第二次は送使であるから、隋に行った正式の遣隋使は一回ともいえる。

以上の鄭説は、推古紀の月日付けまで信頼できるかどうかということはあるが、基本的に首肯できる。

第二節　倭国の遣隋使派遣目的と対隋姿勢

倭の遣隋使派遣目的については、②の「聞海西菩薩天子、重興仏法、故遣朝拝、兼沙門数十人来学仏法」に、端的に表現されている。すなわち、倭は「海西菩薩天子、重興仏法」のことを聞き、隋の仏教を摂取しようとしたのである。ところが、①にあるような倭王の政治のあり方や、「以天為兄、以日為弟」の観念に「義理」がなく、また②にあるように、国書に「日出処天子、致書日没天子、無恙、云々」などの文言が無礼であったので、煬帝は裴世清らを倭に派遣し、「宣諭」せしめた。つまり、儒教的な礼の思想に則る政治・外交のあり方を教えたのである。倭国伝に裴世清に対して倭王が語ったという次の言葉に、

⑨我聞大隋礼儀之国、故遣朝貢。我夷人、僻在海隅、不聞礼儀。是以稽留境内、不即相見。今故清道飾館、以待大使。冀聞大国惟新之化。

とあるのは、倭王が礼についての無知を覚り、積極的に隋の「礼儀」を学ぶ意志を表明したことにほかならない。その結果、第二次遣隋使に付して、学問僧だけでなく、学生をも派遣することになったのである。煬帝が「菩薩天

子」と呼ばれたのは、すでに皇太子（晋王）時代の開皇一一年（五九一年）に、天台宗の開祖である智顗から菩薩戒を授けられ、「菩薩戒弟子皇帝総持」と称したことによるが（上川通夫「天平期の天皇と仏教」『新しい歴史学のために』一九七、一九八九年）、「重興仏教」は、北周の廃仏政策から一転した文帝の仏教振興策に主に関わるから、「菩薩天子」とは、文帝・煬帝二代の隋帝を指していると解釈できる。文帝はいち早く開皇五年に法経より菩薩戒を受けて、「菩薩戒仏弟子皇帝」と称し、「菩薩国王」とも呼ばれていた。また開皇四年頃に、文帝は高僧霊蔵に対して、「弟子是俗人天子、律師為道人天子」といった（『歴代三宝紀』巻一二）とあるので、「俗人天子」を自称しながら、高僧を「道人天子」として対等に待遇したりしている（山崎宏『支那中世仏教の展開』法蔵館、一九七一年）。仏教界では隋帝を「菩薩天子」と称するのは、一般的なことであったのであろう。

それでは、五世紀末以後、中国王朝との関係が途絶していた倭が、どうして「菩薩天子」のことを知ったのかであるが、それは百済を通じてであろう。なぜなら、隋を「海西」国とする方位観は朝鮮三国のものであろうが、対隋・対倭関係がともに良好だったのは百済であったからである。倭は百済から「海西菩薩天子、重興仏法」の消息を聞き、それを契機として対隋外交を開始したのであるが、第一次遣隋使が④にみるとおり、百済使とともに朝貢しており、また帰途も百済を経由している点からして、倭使は百済使に導かれて隋に入貢したのである。倭の対隋外交は百済の教導、仲介を前提にして成立したと考えてよいが、この点についてはさらに後述する。

さて、倭国伝には第一回目の倭の国書、推古紀には隋の国書と第二回目の倭国書の内容が次のように記載されていて、それを根拠に、倭は対隋対等外交を志向したともいわれている。

⑩其国書曰、日出処天子、致書日没処天子、無恙、云々。（倭国伝の②）

⑪其書曰、皇帝問倭皇。使人長吏大礼蘇因高等、至具懐。朕欽承宝命、臨仰区宇。思弘徳化、覃被含霊。愛育之情、無隔遐邇。知皇介居海表、撫寧民庶、境内安楽、風俗融和、深気至誠、遠脩朝貢。丹款之美、朕有嘉焉。稍暄。比如常也。故遣鴻臚寺掌客裴世清等、指宣往意。并送物如別。（⑤の中略部分）

⑫爰天皇聘唐帝。其辞曰、東天皇敬白西皇帝。使人鴻臚寺掌客裴世清等至、久憶方解。季秋薄冷。尊何如。想清悆。此即如常。今遣大礼蘇因高・大礼乎那利等往。謹白、不具。（⑤の中略部分）

⑩の倭の国書をみた煬帝は悦ばず、「蛮夷之書、有無礼者、勿復以聞」といった。「無礼」とは、「天子」が「天子」に「致書」するという、対等の書式を取っていることを指す。それにもかかわらず、⑪によると、「遠脩朝貢。丹款之美、朕有嘉焉」とあるとおり、煬帝は倭の朝貢を嘉し、蕃国王に出す慰労制書のなかでも、「皇帝敬問某」よりも厳しい「皇帝問某」の書出しからなる国書を裴世清にもたせ、倭に派遣して「宣諭」せしめたのである。その国書の内容が⑪であるが、「皇帝問倭皇」から始まる。「倭皇」はもちろん『紀』の改筆であるが、それを除けば原史料どおりとみてよい。それを受けた倭王の言葉が⑨であるが、ここにだけ「大隋」とあるから、それも原史料どおりで、その文中の「故遣朝貢」、⑪の「遠脩朝貢」によれば、第一次遣隋使は朝貢使であることが明白である。この事実のうえにたって他のすべての記事を批判的に読まねばならない。⑫は倭王の返書であるが、「東天皇敬白西皇帝」はもちろん『隋書』の「日出処天子」・「日没処天子」をヒントにした『紀』の造作文である。注意を要するのは、⑪が「倭皇」であるが、⑫は「天皇」としていて異なることである。これは⑪と⑫の筆者が別人である証拠となる。⑫は『隋書』を参照しているから、それは完成者の文であり、⑪は稿本の文ということになる。⑫の内容は簡単な挨拶程度のもので、文辞が不足し、遣使の目的にも触れていないので、国書の体裁をなさないが（増村

宏『遣唐使の研究』同朋舎出版、一九八八年）、「今遣大礼蘇因高・大礼乎那利等往」や「敬白」・「謹白」などは、原史料にあった可能性がある。保科富士男氏は（「〈東天皇〉国書考」『白山史学』三三、一九九七年）、隋唐以前の「敬白」・「謹白」、とくに「敬白」文言の使用は、主に仏教信仰を媒介とした関係（仏教的世界の領域）の論理に依拠したもので、それは実際に当時の中国王朝を中心とする外交文書にも使用されていたことを指摘し、その文は「推古朝の外交文書として実在した可能性はある」と述べた。保科説によれば、「敬白」・「謹白」に関しては、それは「海西菩薩天子」にあてた国書の書式として問題はないということであろう。

強調されるのは⑩の倭の国書であるが、それは『大智度論』を参考にして、「日出処」・「日没処」で方位を示している点で、⑫が仏教的世界を反映しているのと共通性がある。それは「海西菩薩天子」にあてた求法の書ともいえ、また当時の仏教界の指導者は百済僧や高句麗僧であったから、倭の国書の執筆にはこれらの僧、とくに遣隋使に対する全般的関与からすると、慧聡・観勒などの百済僧の関与が想定される。これら百済僧は、「海西菩薩天子」から『大智度論』にヒントをえて、「日出処天子（天垂りし彦）」・「日没処天子」という表現を思いついたと想定されるが、「致書」・「無恙」などは、百済・倭両国間の国書を念頭に置いた可能性がある。もちろん、それは隋への国書としては不適当なのであるが、僧侶としては一般的にそのようなことは無頓着、無知、あるいは仏教界独自の「沙門不敬王者論」の影響などによるものであろう。清武雄二氏は（「ヤマト王権の仏教受容と外交政策」『国学院大学大学院紀要』二七、一九九五年）、国書に対する百済僧や高句麗僧の関与を認め、その国書には百済・高句麗の対隋牽制という政治的目的が反映されているとも、あるいは「隋・高句麗・百済・倭国を《大智度論》の複数天下併存の観念によって相対化させる外交認識を示した」とも説くが、国書にそのような政治的目的や認識の反映をみるのは、いささか穿ち過ぎの感がある。保科氏も、⑩の国書が対等形式であることを前提にし、⑫の「敬白」型書式は、「儒教的礼の秩序に基づく君臣関係の論理を相対化し、〈不臣の朝貢国〉としての姿勢を示すもの」と評価したが、それも同様であろう。倭の国書は僧侶が起草したため、そのような書式になったと理解しておく方が自然ではなかろうか。

隋との対等外交という点で注目されていることに「賓礼」の問題がある。推古紀一六年条の関係記事は、六月一五日に難波津に到着した「唐客」一行を、「飾船三十艘」を仕立てて江口に迎え、中臣宮地烏摩呂ら三人を「掌客」に任じて接待したこと、八月三日に入京した「唐客」一行を「飾騎七十五匹」を遣わし、海石榴市の街に迎え、額田部比羅夫が「礼辞」を述べたこと、一二日に阿部鳥臣・物部依網連抱の二人が「導者」となって、「唐客」を「朝廷」に召したことを記して、次のように続ける。

⑬於是、大唐之信物置於庭中。時使主裴世清親持書、両度再拝、言上使旨而立之。其書曰、(中略。⑪の国書)時阿部臣出進、以受其書而進行。大伴囓連、迎出承書置於大門前机上而奏之。事畢而退焉。是時、皇子諸王諸臣、悉以金髻花頭。亦衣服皆用錦紫繍織及五色綾。

推古紀にはさらに八月一六日に「唐客」らを「朝」で饗し、九月五日に「難波大郡」で「客等」を饗し、一一日に「唐客」に副えて小野妹子臣らを隋に派遣したとある。平野邦男氏(『大化前代政治過程の研究』吉川弘文館、一九八五年)や田島公氏(「外交と儀礼」岸俊男編『日本の古代』七、中央公論社、一九八六年)らによると、難波・海石榴市での歓迎儀礼、その後の⑬のこと、「朝」と「難波大郡」での饗宴のことが、『大唐開元礼』に規定された「賓礼」の、迎労・郊労・拝朝・饗宴などのことと符号するから、倭は隋の「賓礼」を隋使の迎接に採用したという。「賓礼」とは、中国皇帝が蕃国使(蕃国王)を迎接する儀礼であるから、隋使は蕃国使ということになる。⑬は確かに蕃国使の拝朝の儀、具体的には『大唐開元礼』賓礼の「受蕃国使表及幣」の儀に符合するのである。『大唐開元礼』には、蕃国使が朝廷に入ると、通事舎人がそれを版位に就けること、皇帝が太極殿に出御すると、蕃国使が国書を奉呈し、それを中書侍郎が案上に置いて皇帝に奏上し、同時に献物の貢上も行なわれることが規定されているが、それは⑬で、裴世清が朝廷の庭に国信物を置いて使いの旨を言上したこと、隋の国書を大伴氏が受け取って、大門前の机上に置いて奏したこと、などとあるのに共通する。相違は、唐皇帝が太極殿に出御して蕃国使を引見したのに、⑬には推古の姿がみえないことである。

しかし、倭が隋使を蕃国使として遇したとか、鴻臚寺掌客という外交儀礼の実務官であった裴世清がそれを知って甘受した、などということは論外であろう（高明士「遣隋使の赴倭とその儀礼問題」『アジア遊学』三、一九九九年）。それに倭王の出御がなかったとするなら、それは一般の蕃国使以下の扱いなのである。⑬には慎重な吟味が必要なのである。

一方、『隋書』赤土伝を分析して、黒田裕一氏（「推古朝における〈大国〉意識」『国史学』一六五、一九九八年）は、次のように説明する。すなわち、『大唐開元礼』によると、中国使を迎える蕃国王は、自ら門外に出て迎えなければならず、その後、宮内に入った王は庭において北面して使者と相対せねばならない。ところが赤土国では倭国同様に臣下が隋使を宮内まで導いており、さらに王も庭に控えてはおらず、閣上において使者の到着を待っている。こうした迎接が許されるのは中国皇帝のみであり、決して蕃国王には許されない行為であった。つまり、赤土国では倭国同様に隋の礼制を体系的に摂取しつつも、可視的儀礼空間においては、自己の認識する隋と自国の関係を包摂した対外理念を具現化したことが推測される。またこのような儀礼に対し、隋使の間ではなにも問題が起こっていないことからも、倭国と同じく、「不臣の客」としての赤土国の地位が考慮されたことが考えられる、というのである。もちろん、氏も別に指摘するように、隋は周辺諸国の秩序社会をまったく無視して、隋の礼秩序社会のなかにそれを強制的に編入させようとはしなかったのであるから、最初の使者は、蕃国王の門外迎接や北面しての対面ということは強制しなかったと思われる。それは倭の場合も赤土の場合も同様であった。しかし決定的に異なるのは、赤土では使者が「奉詔書、上閣、王以下皆坐。宣詔訖」とあるとおり、隋使は閣に上がって、赤土王に直接詔書を伝達していることである。この点は隋使としては、絶対に譲ることのできない一線であったはずである。

実際、倭国伝には倭王と裴世清の会見の内容が記されている。裴世清は閣上で直接に倭王に国書を伝達したのである。そして当時の倭王の推古が女王であったにもかかわらず、それには触れていないから、太子の厩戸か蘇我馬子が倭王として登場していたことになる。当時の東アジアでは、新羅で六三二年から六五四年まで善徳・真徳の二代、女王が立ったが、唐はそのことを問題視している。倭は女王を推戴していることに対外的にコンプレックスを感じて、そのことを隠蔽したのである。結局、『紀』は推古のことも厩戸らのことも書けず、裴世清は国書だけを捧呈して退出したとするしかなかったのである。蕃国条のことは、『大唐開元礼』よりも妹子が隋から将来したと想像される『江都集礼』を参考にしたのではないかともいわれるが（田村圓澄『大宰府探求』吉川弘文館、一九九〇年）、いずれにしても蕃国使迎接の核心部分は拝朝のことにあり、その記事が歪曲されているのであるから、唐使は蕃国使として待遇されたとはいえない。倭国使が朝貢使であったという、基礎的な事実を基礎にして全体を批判的に考察せず、一部だけを切り取って立論した各論は再考を要する。⑨の内容からすると、「不臣」などということを倭国が最初から意識していたとは思われない。

第三節　倭国の対隋外交と朝鮮三国

一　「東夷の小帝国」論について

倭隋外交に関しては倭国と朝鮮との関係についても多くのことが語られてきた。そのうち、今日でも大きな影響を与えているのは石母田正説（同『日本の古代国家』岩波書店、一九七一年）であろうから、まずその点から出発する必要がある。氏は、倭国は一貫して中国王朝の朝貢国であったと指摘する一方、対隋外交を「朝鮮諸国を諸蕃視し、自らを〈中夏〉とするための外交にほかならなかった」と論断したが、その根拠として倭国伝の次の一文「新羅・百済・皆以倭為大国、多珍物並敬仰之、恒通使往来」をあげる。氏によればこの一文は、「両国が倭国に対して朝貢関係にあるという事実を、隋王朝が公式に承認していることを示すもので」あって、「新羅・百済に対して倭国が〈大国〉＝被朝貢国としての地位を確立し、その地位を隋王朝に承認せること、これが推古朝の対隋外交の基本的目的であったとみられる」と説くのである。そしてさらに、「推古朝の対隋外交には、官号を請求したり、あるいは冊封を受けてその藩臣となろうとした形跡がなく、そこに中国王朝の世界帝国的秩序の内部に、みずからの〈大国〉としての秩序を形成しようとした意図がみられる」とも述べ、それを「東夷の小帝国として国際的に承認されたいという要求」でもあったと強調した。この「東夷の小帝国論」は、四世紀以来の前史の理解にも関連するが、当面は、倭国伝の記事と、倭国が朝鮮三国とは異なり、隋唐の冊封を受けなかったという点に焦点を絞ることができる。まず倭国伝であるが、これについては早くから指摘されているように（志田不動麿『東洋史上の日本』四海書房、一九四〇年）、遣隋使派遣当時の倭は新羅と敵対関係にあったから、新羅に関してはまったく事実に反する。そうすると、百済に関してもその疑いが及ぶことになる。これを倭の誇張とみる見解もあるが、新羅との敵対関係をそのようにいいくるめるとは考えがたく、百済に対しても、「敬仏法於百済求得仏教、始有文字」などと、その文化的恩恵について語っているのであるから、それも疑わしい。それはなんらかの知識による隋側の判断としか考えようがない。

隋の認識は、歴代の史書に基づくものと思われる。倭という正体不明の国が突然に朝貢してきた以上、関係所司が歴代史書の記録を検索し、倭について煬帝に報告したのは当然のことに属する。そこで注目されたのが『宋書』倭国伝であって、そこで倭王は、百済・新羅などを管区に含む都督諸軍事を自称し、宋は百済を除いてそれを承認したとされているのである。とくに武は高句麗と対決しようとしていた。『宋書』の記録を皮相的にみれば、倭は百済・新羅などを従えて、高句麗と対抗しようとしていたとも読みとれるのであるから、隋側はそのような認識をもったということであろう。倭国伝の記事に高句麗の名がみえないのも、そのためなのである。煬帝が倭の無礼な国書を問題にしながらも、倭を無視せず、裴世清を倭に派遣したのは、帝紀に「召募行人、分使絶域。諸蕃至者、厚加礼賜。有不恭命、以兵撃之」とあるとおり、煬帝が蛮夷の招撫にとくに熱心であったばかりでなく、高句麗との対決を前にして、かつて高句麗に対抗した倭の存在を重視したからであろう。煬帝が対高句麗戦を予想して、六〇八年五月から永正渠開通工事に着手したことから、隋使派遣を対高句麗戦に備えてのこととみる指摘があるが（堀敏一『東アジアのなかの古代日本』研文出版、一九九八年）、それは『宋書』からの知識を媒介としているのである。倭国伝に倭の対隋外交の目的を読みとる石母田説は、必ずしも当をえているとはいいがたい。

次に、倭が隋唐の冊封をうけなかったことであるが、それは望めばえられるものであったから、倭はそれを望まなかったといえるであろう。反対に隋唐の立場からすると、複数回の朝貢があれば、その国を冊封体制に組み込むのを望ましいと考えた、とはいえるであろう。隋の場合は、初度の遣使に国書問題もあって、裴世清は冊封使として来倭したのではないといえ、第二次は大使・小使が煬帝に謁見できないまま帰国したので、そのような問題は、起こらなかったのであろうが、唐の場合は別である。六三〇年（舒明二年）に出発して、六三一年に太宗に謁見し、六三二年一〇月に帰国した、犬上君御田鍬を大使とする第一次遣唐使は、近くの隋代から数えると、二回目の正式訪問となり、しかも唐使の高表仁が同行して来倭した。しかしその後の唐使の動勢は明らかでなく、翌年正月二六日に帰国したとあるだけである。隋使の場合には入京時の状況が詳述されているのに比べると、それは大きな相違である。この間の事情を『旧唐書』倭国伝は、「表仁、無綏遠之才、与王子争礼、不宣朝命而還」と記しているから、唐の国書は提出されなかったとみてよい。この「争礼」の内容について西嶋定生氏（『日本歴史の国際環境』東京大学出版会、一九八五年）は、「唐側に倭国を冊封しようとする意向があったにもかかわらず、倭国側にそれを拒否する態度があった」とし、その理由として、倭は唐と対等の立場に立とうとしたことと、もし冊封を受けるならば、「それは倭国の地位を朝鮮三国と等しくすることになる」からであると説いた。唐の冊封を拒絶したという点は首肯できるが、隋唐と対等などということは論外であり、その後の歴史からみても、朝鮮三国と同等になることを忌避したという点については支持者が多いが、史実的には的を射ているとはいえない。

唐代の六二四年に、高句麗栄留王は正二品勳官の上柱国遼東郡王高麗王に、百済武王は従二品の柱国帯方郡王百済王に、新羅真平王は従二品の柱国楽浪郡王新羅王に冊封された。隋代にはこれらの国は正従の二品官であったから、隋代の正従三品官よりみな地位が上昇しているのである。ここで留意せねばならないのは、隋代以来、高句麗王がもっとも高位で、百済・新羅は同等であることである。唐は、隋代に冊封されていた王に対してはその地位を高め、諸国の実際の力量をも考慮して一定の差等を設けていたということである。そうすると、隋の冊封を受けていなかった倭王が冊封されると、それは朝鮮三国王よりも一段も二段も下位に位置付けられることは必定なのである。倭はこの点をこそ忌避したのであり、この時点になって、初めて朝鮮三国との対等関係を主張したということであろう。そもそも倭は百済の支援をえて対隋外交を開始して、東アジア文明圏に登場した。そして六一〇年以後、新羅との関係が良好になると、対唐通交では主に新羅の支援を受けることになった。以後、隋唐で学んでいた学生・留学僧が続々と新羅使に従って帰国し、重要な役割を果たした。そして高表仁以来、正式の国交が途絶していた唐との関係を修復するため、六四七年に来倭した新羅の金春秋にその斡旋を依頼して、六五三年（白雉四年）・六五四年の第二次・第三次の遣唐使派遣が実現したことなど、それは新羅・倭関係が再び険悪になる六五七年まで続いたのである。七世紀前半の倭は、文化面でも外交面でも朝鮮三国の支援を受けていたのであるが、朝鮮三国は互いに抗争関係にあったので、対唐関係をも考慮してなにかと倭を勧誘したのであり、そのような雰囲気のなかで、倭は唐に対して朝鮮三国との対等関係を主張したのであるが、高表仁の承認をえられなかったのである。『紀』が隋をも大唐と改筆したのは、唐との正式の外交関係の開始を示す国書を受け取れなかったので、隋の国書を唐の国書として処理して、その後の長期間にわたる遣唐使の開始として位置付けたのである。

結局、倭は唐の官爵を受けなかったのであるが、唐としてもそれを強要する必要はなかった。隋代でも真臘や赤土などの「南蛮」諸国、波斯など多くの「西域」諸国、鉄勒などの「北狄」諸国は、遣使朝貢しているが、官爵を受けなかった（徐光堯「隋倭国交の対等性について」『文化』二九―二、一九六五年）。八世紀の唐文書の研究によれば、パミール地方の護蜜・識匿・勃律・罽賓などの小国の王も官爵を受けていなかった（山内晋次「唐よりみた八世紀の国際秩序と日本の地位の再検討」『続日本紀研究』二四五、一九八六年）。倭は、そのような「絶域」の国と同等とみられ、そのまま放置されていたということになる。朝鮮三国が中国王朝の官爵を積極的に受けたのは、中国王朝に隣接し、かつ中国王朝と三国相互間での抗争が絶えなかったという事情がある。

二 「冠位十二階」制について

倭と朝鮮三国との関係については、冠位制に関連しても言及されている。推古代の冠位十二階制は、王・大臣クラスの下に位置付けられ、第一階は大徳、第二階は小徳である。若月義小氏(『冠位制の成立と官人組織』吉川弘文館、一九九八年)は、次のようにいう。「隋皇帝の臣下として冊封された朝鮮三国の王(侯王)は、四品(大夫)以下の臣下しか置けないという規制があった。朝鮮三国は内外の使い分け・読み替えを行い国内では一品の官位を中国に対しては四品として扱ったとされるが、倭国は、中国皇帝の形成する華夷秩序に規制されながらも、四品を最高位として爵位を創設し、さらにそれ以上の冠＝爵を超越する身分も爵位と一体的に〈王・大夫〉という東アジアの国際関係において通用する身分として位置付けたのである。こうした措置は、あくまでも中国華夷秩序の規制下において、中国皇帝と倭国の〈天子〉の対等性を意識した周到な配慮の産物といえる」。「倭国は、朝鮮三国のそれぞれの官位の一位に対応させて、大小徳冠―「大夫」(中国に対しては四・五品相当)を一位とし王・大臣クラスはそれよりも上位に位置付けた。すなわちこれは、中国側の規制をそのまま朝鮮外交に対して用いたのであり、朝鮮三国の一位(いずれも王・大臣クラス)は倭国の王・大臣より下位であるといういわば中国側の規制を逆利用した論理を制度的に表明したものである」。

若月説は、前文で批判した石田説を全面的に肯定したうえでの言説で、そのため、難解で晦渋な内容になっている。当時の倭国が隋の冊封体制の知識についてそれほど詳細に知っていて、傍線部分のようなことを意識的に行なったのか、後述のように、冠位制は百済の助けを借りて成立したと考えられるのに、朝鮮三国を倭国の下位に位置付けるというようなことが可能なのか、天武代には王族をも位階制に組み入れたが、そうすると王族が冠位制に編入されなかったのは制度的に未発達のため、あるいは王権の確立が不充分なことがその原因ではないのかなど、疑問は次々に湧いてくる。氏は一方では、孝徳代の諸政策を通じて創出された政治体制こそ、「朝鮮三国の国家体制に伍するに足る倭国の第一次の国家組織の確立された形態であり、いまだ律令国家体制への転換の志向はここには認められないのである」とも、「百済の内・外官二十二部司制の実質に見合う中央官人組織が端緒的に出現するのは天智朝のいわゆる〝近江令官制〟においてであろう」とも述べていて、それはおそらく正しいと思われるが、その視点が氏の説く推古代の対朝鮮三国観とどのように整合しうるのか、理解に苦しむところである。皇極紀元年八月丙申条に、「以小徳授百済質達率長福」とあって、百済官位第二等の達率である長福が倭国の冠位第二階の小徳を授けられているが、それにはなんの矛盾もない。ここに隋制をもちこむ必然性はなにもない。

冠位十二階制については、武田佐知子説（『古代国家の形成と衣服制』吉川弘文館、一九八四年）もある。氏によれば、六世紀の中国や朝鮮三国では、ズボン型の衣服であったのに、冠位十二階制の衣服はスカート型であった。古墳時代以来、倭の支配層は朝鮮三国からズボン型の衣服を導入していたのに、冠位十二階制でスカート型としたのは、外交の場で、「即ち中国に対して、新羅・百済に対する大国、被朝貢国としての地位を認定させるためには、独自性のある礼的秩序の存在の主張が必要だった」からなのであるという。倭が冠位十二階制にともなって、スカート型の衣服制を定めたとする武田説が誤りでないとしても、それがなぜ「新羅・百済に対する大国、被朝貢国」としての主張になるのか、それは「東夷の小帝国」論の悪乗りとしかいいようがない。

もちろん、「賓礼」のこともある。隋使が帰国した二年後の推古一八年（六一〇年）、新羅使・「任那使」に対する迎接が行なわれたのがそれである。核心的な拝朝の場の「朝庭」には推古の姿はみえず、蘇我馬子が国書を受け取っている。厩戸が主人公になっていないのは、推古一三年以来、厩戸は主に斑鳩宮に居住したので、このたびは馬子が代行したのであろう。それはともかく、隋使の記事を前にしては、それに類似した内容になるしかなかったとはいえよう。「朝庭」での奉書などということを無批判的にいうべきではなかろう。

ここで改めて、倭隋外交における百済の、倭唐外交における新羅の、とくに前者の支援、先導的役割に留意する必要がある。なぜなら、「海西菩薩天子、重興仏法」を契機として、倭が遣使した点については、百済の全面的支援をえて、倭国最初の本格的寺院である法興寺（飛鳥寺）が建設されたことが前提となるからである。「沙門数十人」を隋に派遣するなどということは、法興寺の存在をぬきにしては語れないのである。

法興寺の建設過程については、用明二年（五八七年）に発願し、崇峻元年（五八八年）に百済から聆照律師らの僧と法興寺建設技術集団が派遣されてきたのを受けて着工された。その後の具体的過程については、『紀』と『元興寺縁起』所載の「露盤銘」・「丈六光銘」の所伝に異同がある。大橋一章氏（「飛鳥寺の創立に関する問題」『仏教芸術』一〇七、一九七六年）は、「露盤銘」と「丈六光銘」の方に信頼性があるとして、五九六年に塔が完成、その後六〇五年までに三金堂が造営され、六〇五年から鋳造が開始された本尊の金銅丈六仏は六〇九年に完成されたと説明した。使者とともに「沙門数十人」を派遣して仏法を学ばせたのは、法興寺の主要部分が整いつつあった時期に当たる。遣隋使派遣は法興寺建設の延長線上にあり、倭側の要請もあったとはいえ、それは百済の強力な支援によって可能となったのである。

まだある。百済は五九五年に慧聰、六〇二年に観勒を派遣したことである。慧聰は高句麗僧の慧慈とともに法興寺に住し、ともに三宝の棟梁と称された。観勒は六二四年に仏教統制機関の設置を奏言し、その長官である僧正に任命された。推古代の仏教界を指導したのは、これら百済・高句麗僧であったが（六〇二年には高句麗僧の僧隆・雲聡の来倭もあった）、特に法興寺建設に関連して百済僧の役割が注目されるが、「海西菩薩天子」の語からしても、隋への国書には百済僧の関与が想定されるところである。

遣隋使派遣に当たっては、使者の身分を明示する必要があった。推古紀は、冠位十二階の制定・施行を六〇三年一二月・六〇四年一月とするが、若月氏は、『上宮聖徳法王帝説』による「乙丑年」(六〇五年)五月が正しいとし、さらに観勒に注目する。冠位十二階は、五行相生説による配列＝木・火・土・金・水に、五常を配して仁・礼・信・義・智とし、その上に徳を加え、おのおのを大小に分けて十二階としたものであるが、それは儒教で普通に行なわれる仁・義・礼・智・信とは、順序が異なっている。冠位十二階が採用した陰陽五行思想は、六朝時代に成立した道教の経典『大霄琅書』に早い例が認められるが、若月氏は、観勒がもたらした「暦本及天文地理書、并遁甲方術書」のなかに、『大霄琅書』の類の道教経典が含まれていたと推定し、「冠位十二階における陰陽五行思想の知識の採用は、そうした百済の制度の延長線上にあり、そこに厩戸王・蘇我大臣馬子のブレーン観勒が関与した公算が大きい」と指摘した。百済の存在感はさらに重くなるのである。

一連の流れを百済の動向からみると、さらに明瞭になる。五八一年に隋が成立すると、百済威徳王は直ちに遣使して、上開府儀同三司帯方郡公百済王に冊封された。隋文帝が菩薩戒を受けたのは五八五年であるが、倭の要請もあったとはいえ、百済が五八八年に僧侶と法興寺建設集団を派遣したのは、隋のこのような動きと無関係ではないであろう。五八九年に隋が陳を滅ぼし、強力な統一王朝を樹立するや、同年に直ちに遣使し、その後、慧聡と観勒を倭に派遣している。五九七年に百済王子の阿佐が来倭しているが、おそらくこの時に遣隋使のことや、観勒の倭派遣などが協議されたものと思われる。そして法興寺が基本的に完成の段階に入るや、六〇七年に倭使を先導して隋に向かったのである。こうしてみると、隋の崇仏政策に合わせて、倭の仏教文化の発展に本腰を入れ、それを倭の対隋外交にまで導いていった、百済の積極的姿勢には刮目に値するものがあるといえよう。そこには確かに、百済の戦略的意図が存在していたといわねばならない。

百済の戦略的意図の第一は、隋との外交関係を強化することである。なぜなら、絶域の倭を導いて仏教国とし、その倭を先導して遣使朝貢させたのであるから、それは当然、「重興仏法」国の隋では、百済に対する評価が高まるということになるからである。それだけではなく、百済自身も隋仏教を積極的に学ぶ必要があった。隋代の仏教は単なる「重興」ではなかった。鎌田茂雄氏(『中国仏教史』三、東京大学出版会、一九八四年)の言葉を借りると、「隋代はわずかに三十四年間にすぎないが、中国仏教の全盛期である隋唐仏教の基礎が確立された時期であり、中国仏教史の全体をみても、一大変革期、転換期であった」。全国的に寺院が建立され、特に首都大興城の大興善寺は、高僧・学問僧・翻訳僧などがそこに居住し、国立仏教研究所の機能を備えていた。高僧が輩出し、そのなかでも智顗によって天台宗が大成され、また吉蔵によって三論宗が確立されたことは特記される。周辺諸国も隋仏教を摂取しようと努めたが、文帝はそれに応じて「外国僧主」を任命し、煬帝は鴻臚寺において外国留学僧の教育のために高僧を勅任した(山崎宏『隋唐仏教史の研究』法蔵館、一九六七年)。百済の戦略も隋仏教の摂取という流れのなかにあったのである。

百済の戦略的意図の第二は、対新羅問題に関連しての、対倭関係の一層の強化ということである。六〇二年(武王三年)に百済は新羅の西方に攻撃をかけたが、同年に倭は王子の来目が率いる征新羅軍を筑紫の嶋郡に派遣している。それは以前からの、百済・倭の対軍事同盟の発動であった。しかしこの点については、六一〇年に新羅・倭間の和解が成立したので、事態は必ずしも百済の思惑どおりには運ばなかったのである、

『紀』にはこのほかにも、小野妹子が帰国途中、百済で隋の国書を百済人に奪われたという記事がある。隋の国書は遣倭大使の裴世清が携行し、『紀』にはその内容が記載されているから、これは理に合わない。妹子は隋で入

手した書籍をなんらかの理由で紛失したのかもしれないが、詳細は不明である。

「東夷の小帝国」論は現在でも支持者が多く、それに合わせた言説が後を絶たない。それをいうなら、それは高句麗・百済滅亡後であり、それを倭が実際に外交関係にもちこもうとしたのは、後述のように『紀』成立後のことである。

第六章　百済・高句麗の滅亡と倭国の参戦

第一節　百済王子豊璋の来倭

六四二年、百済義慈王は、新羅を急襲し、一挙に洛東江西岸の四〇余城を奪取して旧加耶地域をほとんど支配下に置き、翌年には高句麗と同盟を結んだ。この事件を契機として、朝鮮三国間の情勢が急変し、そこに唐と倭国が参戦するという、未曾有の大動乱が起こり、最終的には、百済・高句麗が滅亡し、新羅が大同江以南を併合することで終結した。

義慈王の軍事活動開始と歩調を合わせるように、百済は王子豊璋（豊・翹岐・糺解）の率いる大使節団を倭国に派遣したが、大使の名を豊璋とする政府史料、翹岐とする筑紫太宰と翹岐に近従した人物の記録が綜合されたが、誤解と潤色が加わり、文章構成が複雑になっている。年次は筑紫太宰のものが正しく、皇極元年（六四二年）一〇月に新羅使節が、皇極二年（六四三年）四月に翹岐一行の百済使が筑紫に、同年六月に高句麗使が筑紫に来着した。ところが『紀』は、舒明死去の百済弔使が元年一月に筑紫に来着したとし、そののち翹岐関連記事が七月条までみえているが、それは翹岐一行を舒明死去と皇極即位に合わせて弔使と改変するための作為で、以下の年月日も順を追って適当に配分したものである（この点については、前著には記述が混乱したところがある）。翹岐来倭により安曇山背連比羅夫・草壁吉士磐金・倭漢書直県が筑紫に派遣され、「今年正月、国主母薨。又弟王子・児翹岐及其母妹女子四人、内佐平岐味、有高名之人、卌余、被放於嶋」という情報を聞いた（造作文を除く）。「弟王子」とは特異な表現であるが、それは義慈王弟忠勝のことである。後文によると、この時に来倭したのは、忠勝・翹岐だけでなく、翹岐の弟の塞上（禅広または善光）や達率長福・達率武子ばかりか、翹岐の妻子をも帯同していた。この異常なまでの大規模で高位級の使節団の派遣は、その任務が重要であったことによると思われるが、翹岐の妻子帯同や六四四年の王子隆立太子（義慈王四年）のことを考え合わせると、翹岐や忠勝は権力闘争に敗れ、中央政界から遠ざけられたとみることは（山尾幸久「六四〇年代の東アジアとヤマト国家」『青丘学術論叢』一・二、一九九四年）根拠あることと考えられる。ところが、翹岐らが追放されたという風評がたったため、その後、百済は大佐平智積を倭に派遣してそうではないことを証明したのである（鈴木英夫『古代の倭国と朝鮮』前掲書）。

しかし、翹岐一行が重要な任務を帯びていたことも否定できない。翹岐らは六四二年の百済の大勝利と高句麗の政変について伝えたことに疑いないが、『紀』はそれについては沈黙している。それは、稿本が翹岐ら一行を「弔使」としてその来倭年を繰り上げ、それにそぐわないその情報を採用しなかったのである。後事については皇極紀元年二月丁未条に高句麗使の伝言として、「秋九月、大臣伊梨柯須弥弑大王、并殺伊梨渠世斯等百八十余人。仍以弟王子児為王。以己同姓都須流金流為大臣」とあるのがそれであろう。なぜなら、大臣が王を殺すなどという内部の秘密事項を、高句麗使が外国に暴露するとは考えられないからである。「弟王子」などという特殊な表現も百済側からの情報であることを傍証している。その内容は、六四二年一〇月に淵（泉）蓋蘇文（伊梨柯須弥）が対唐宥和政策を推進した栄留王一派を処断し、大陽（弟王子）の子の宝臧王をたてて対唐強行路線をとった事件で、明らかに『紀』の年代は正確でなく、それは間違いなく六四二年の翹岐らが伝えたものである。前事については、大化元年（六四五年）秋七月条に関連記事がある。「百済調使、兼領任那使、進任那調」、「詔於百済曰、明神御宇日本天皇詔旨、始我遠皇祖之世、以百済国、為内官家、譬如三絞之綱。中間以任那国、属賜百済」がそれである。「明神御宇天皇」や神功紀を前提にしていることからみても、この一文はその年次とともに完成者が全面的に改筆したことが明らかであるが、もとは稿本の記事があったと思われる。「以任那国、属賜百済」がそれで、これは六四二年の義慈王による旧加耶地域の占領を表現したものである。その地域とは具体的には欽明紀二三年条分注の「十国」である。「十国」名は欽明紀の小国名と部分的に異なるので、欽明紀とは別史料によることが確かで、南加羅がみえないのも義慈王軍がそこまでは及ばなかった当時の現実を反映している。「十国」名は翹岐が伝えたもので、百済の大勝利を具体的に述べたのである。百済の大勝利や高句麗の政変、六四二年からの百済・高句麗同盟のこと(善徳王紀一一年八月条、六四二年)を伝えたが、その来倭目的は単に情報提供にあったのでなかったのはもちろんである。当時、百済と新羅はもとの任那地域で激戦を交えていたので、その地への共同出兵を提起したのであろう。ところが、倭政権はそれに直ちに同意することはなかった。なぜなら六一〇年以後、倭は新羅と友好関係を保ち、倭の入唐路は漢江流域を確保していた新羅によって保証されていたからである。倭にはもともと朝鮮半島への領土的野心はなく、平和的な関係を通じて、朝鮮三国や隋唐から先進文化を摂取できればよかったのである。いきおい、豊璋の倭国滞在は長期にわたることになったが、その間、豊璋は「百済君」(白雉元年二月条)と呼ばれて厚遇されたのである。

問題が残るのは、前引の大化元年(六四五年)条で「任那」の「属賜」を契機として百済が「任那調」を進めたとあることである。大化二年条には新羅の「任那之調」を廃し、その代わりに新羅に「貢質」せしめ、その翌年には金春秋を「質」としたとある。これでわかるのは、大化元年(実際上は六四二年)以前は新羅が「任那之調」を進上していたが、それをやめる代わりに「貢質」したと『紀』は構想したということである。したがって、大化元年に「任那調」を納めるようになった百済は、それ以前には「貢質」していたということにならねばならない。果たせるかな、舒明三年(六三一年)三月条には「百済王義慈入王子豊章為質」とあって、百済の場合は、大化元年を境に「貢質」から「任那之調」進上に代わったといっている。豊璋は翹岐の名で「弔使」として登場させられたので、その代わりに舒明紀に豊章入質記事を書き込んだのである。舒明三年は百済武王三二年に相当するから、義慈王代とするその記事が如何に雑に書かれたかがわかる。しかし、舒明紀を前提にして皇極紀には翹岐一行はすべて「質」ということになっている。

『紀』の「貢質」や「任那之調」とは八世紀の編者の産物であるが、その術中にはまっていたのはそう遠い昔のことではない。いや、最近でもその亡霊はしばしば姿を現わしている。新羅の金春秋は、真徳女王を代行する働きをした人物で、外交の責任者でもあった。春秋は来倭して倭王の唐あての国書をあずかってすぐに帰国した。春秋が「質」ではないことすら、最近になって認識されてきているというのが実状であろう。『史記』にも新羅実聖尼師今元年（四〇二年）三月条に、「与倭国通交、以奈忽王子未斯欣為質」とあり、百済阿莘王六年夏五月に、「王与倭国結好、以太子腆支為質」とある。新羅については、新羅は当時、高句麗の軍事支配下にあったので、高句麗の同意をえて、倭国攻撃の意図がないことを説明し、倭の誤解を解くために派遣されたと考えるのが合理的であろうと思われるが、そうではないと主張する論者が少なくない。百済の場合も、太子である腆支が入質するはずはなく、『広開土王碑』によっても「和通」使と理解すべきであろう。朝鮮三国と倭国での実質的な「質」は一時的に新羅の高句麗入質があっただけである。

第二節　百済・高句麗の滅亡と倭国の参戦

七世紀中後葉の東アジアは大激動期であった。その第一は、唐と新羅の結託である。唐の主要攻撃目標は高句麗であったが、唐太宗の六四五年の大規模な高句麗遠征は失敗に終わり、六四七年・六四八年の軍事活動もこれといった成果をあげることができなかった。次代の高宗も六六〇年まで連年のように高句麗攻撃を繰り返したが、高句麗の姿勢には揺るぎがなかった。唐は単独では高句麗を滅ぼすことの困難さを覚えるようになった。一方、高句麗・百済両国の攻撃に直面した新羅は唐に救援を求め、六四八年に金春秋が入唐して唐と密約を交わし、唐制に従うことをも約束した。その密約とは高句麗・百済を共同で平定した暁には、平壌以北を唐の支配に任せるということであった(文武王紀一一年条の文武王報書)。金春秋はその前年に渡倭し、倭の国書を預かり、倭国との連携をも強化していた。しかし唐は、新羅が百済討伐を最重要視したこともあって、実際的には新羅を無視し、単独で高句麗攻撃を敢行した。その失敗を重ねた唐は、ついに新羅と共同して百済を滅ぼしたうえ、高句麗を南北から挟撃する方針に踏み切ったのである。その間の六五五年、高句麗・百済連合軍が新羅北方の三三城を奪取する事件があり、新羅はますます困窮に陥っていたということもあった。

百済義慈王は六四二年の大勝の後にも新羅と激しく攻防戦を繰りひろげていたが、次第に堕落して酒色に溺れ、諫言する忠臣を遠ざけるようになった。道顕の「日本世記」(斉明紀六年秋七月条分注)に、「或曰、百済自亡。由君大夫人妖女之無道、擅奪国柄、誅殺賢良故、召斯禍矣」とあるように、大夫人の暴虐にも目をつむってもいた。その結果、ほとんど無防備のまま唐・新羅軍の前に屈服し、六六〇年七月に百済は滅亡した。唐の指揮官蘇定方は新羅との盟約を無視して百済領に五都督府を設置し、一万の唐軍と七千の新羅軍を王都泗沘城と熊津城の守備に当てて、九月三日に義慈王・太子隆らと一万余の捕虜をひきつれて帰国した。

六六一年、直ちに唐の高句麗攻撃が開始され、やがて王都平壌が包囲された。しかし蘇定方軍は翌年一月の蛇水戦闘で敗れ、酷寒と食糧難に苦しみ、ついに二月頃に撤退を余儀なくされた。この時、唐の指示を受けて新羅軍も北上し、金庾信軍が決死の行軍を敢行し、食糧や武器を平壌に届けたので、唐軍は一息ついたのである。ところが、六六五年末に淵蓋蘇文が急死すると、蓋蘇文三子間に権力闘争が起こり、巡遊に出ていた長男の男生は国内城から帰都できなくなった。そこで男生は子の献誠を唐に送り援軍を求めた。直ちに献誠の案内のもとに唐軍の侵攻が六六六年に始まった。六六八年八月、五〇万の唐軍と二〇万の新羅軍に平壌は包囲され、九月には宝臧王は降伏した。ここにさすがの高句麗も滅亡し、宝臧王以下の重臣は唐に連行された。唐は高句麗領に九都督府を設置して、その地を直轄領とする意図をあらわにした。

国家は滅亡したが、高句麗人の反唐闘争は止むことはなかった。とくにその中心となったのは鉗牟岑で、漢城で安勝を推戴して一時は高句麗復興の旗幟を鮮明にした。唐はこの運動を弾圧するとともに、新羅をも一挙に滅ぼそうと大軍を派遣した。六七五年に劉仁軌・李謹行の率いる数十万部隊が侵攻したのはその頂点をなすものであったが、九月の買肖城戦闘で二十万の軍勢を失い、六七六年の岐伐浦戦闘での敗北をもって勝敗は決した。その間、安勝と鉗牟岑のあいだに内訌が生じ、安勝は鉗牟岑を殺して新羅に亡命したため、高句麗復興はならなかったが、新羅は大同江以南を領有するようになった。

ここで話は溯って百済復興運動について述べねばならない。六五三年の遣唐使が入唐した時、高宗は倭に新羅救援を命じたが、倭はそれに反応しなかった。さらに唐と密約を結んだ新羅は六五七年に倭を見限って国交を断った。その結果、倭は自然に唐・新羅の敵国になる破目になった。しかし、倭にはそのような認識はなく、六五九年にも遣使しており、百済攻撃を目前にしていた唐に使人は抑留されてしまった。百済があっけなく滅亡したため、倭は唐・新羅軍の来侵という事態も想定せざるをえなくなった。記録にはみえないが、神籠石と呼ばれる朝鮮式山城が西日本各地に築造されたのは、この時のことであったと想像される。

しかし幸いにも、義慈王降伏以前から地方では二〇余城で反唐闘争が激しく展開され、泗沘城と熊津城は孤立状態に陥っていた。百済の指導的人物は、周留城や任存城を拠点とした王族の鬼室福信・余自進と僧道琛であったが、六六〇年九月二三日に泗沘城を攻撃してその外柵にまで迫った。そのため、新羅武烈王(金春秋)は一〇月に自ら救援に赴く有様であった。唐軍は新羅の救援と食糧補給なくしては、生存不可能な状態であったので、百済復興の主敵は新羅であったというのが実状であったのである。このようななかで、倭の百済救援戦が実施されることになったが、それに関する『紀』の斉明紀・天智紀の記事は複数の原本を用いていて、一部に混乱がみられる。結論だけをいえば、原本は四本であった。『日本世記』、倭政権の記録、終始豊璋に関係した安曇氏の家記を原資料とするもの、最後に奮戦して戦死した秦造田来津(朴市田来津)関係史料を用いた原本である。六六〇年九月五日に早くも百済使人が来倭し、新羅軍を撃破して「興既亡之国」の状態になっていることを報告した。一〇月には福進は唐人俘虜一百を献じ、豊璋をたてて百済を再興する旨を伝えた。福信の要請を受けた斉明は直ちに軍備を整え、その年の一二月には難波宮に入り、翌年の正月には西征の途についている。そこで看過できないのは、斉明六年冬一〇月条の詔にみえる「倶集沙喙」と、同年是歳条「欲為百済、将伐新羅」である。これによると倭政権は新羅攻撃を意図していたのであって、それは福信の戦略的要請によるものとしてよい。情勢の有利な展開により、倭政権も百済復興を確信しえたのである。

六六一年初、唐から劉仁軌軍が新たに到着し、新羅軍と共同して周留城を攻撃した。劉仁軌軍は周留城攻撃には失敗したが、三月には百済軍の泗沘城包囲を解くことには成功している。四月の福信による再度の豊璋帰国要請は、このような情勢のなかで行なわれたのである。倭政権は八月になってようやく三軍からなる遠征軍と豊璋護送の任に当たる「別使」軍の編成を終えた。しかし急遽、計画が変更され、豊璋・忠勝・善光らと護送軍五千余人だけが九月に百済に発遣され、年末までには周留城に到着、福信らによって王に推戴された。このとき、安曇連比羅夫が同行し、すぐに帰国してことの顚末を報告した。計画の変更は、同年七月、唐軍が高句麗平壌城を包囲し、八月には新羅軍も北上を開始したという情報が入ったからであろう。倭軍が新羅を攻撃せずとも、百済軍さえ強化されれば成功しうると判断したのであろう。これは当時の有利な情勢を最大限に利用しなかった戦略的誤謬であったが、倭政権としても、まだ本格的出兵には躊躇があったからと思われる。しかし豊璋護送軍の派遣によって、倭は高句麗・百済軍事同盟に実際に加わることになり、あとはそれと運命をともにすることを余儀なくされたのである。豊璋帰国後の情勢は、唐・新羅の鋒が高句麗に向けられていたので、泗沘城・熊津城奪回のまたとない機会に恵まれていた。しかし新羅軍は北上しながらも、九月には百済軍を破って、泗沘城・熊津城にひき続いて軍糧を供給し続けた。そうこうするうちに六六二年二月、唐軍は平壌から撤退し、新羅軍も帰還したのである。

六六二年にも戦闘は続いたが、百済軍は最後まで唐軍と新羅軍との連携を断つことができなかった。そこで長期戦に備えて力量を拡大するため、根拠地を周留城から避城（全北金堤）に遷したが、六六三年二月、新羅は百済の居烈城・居勿城・沙平城を陥し、さらに徳安城（忠清南道恩津）に至った。戦況は百済に不利に転換していったのであり、そのため百済軍は拠点を再び周留城に遷すことになった。倭の本格的な出兵はこのような状況下で断行された。前・中・後の二万七千人からなる遠征軍が編成され、上毛野君稚子の率いる前軍が新羅の沙鼻・奴江二城を攻略した。同じ頃の五月、犬上君が兵事を高句麗に告げて百済の石城に還り、豊璋と会ったのはこれに関連する。ここに高句麗・百済・倭三国の実際の軍事的連携が成立したのである。孫仁師率いる唐援軍が高句麗軍と衝突した（『旧唐書』百済伝）のは、三国同盟の結果であるが、北方で唐との戦いに備えていた高句麗は、その後の百済戦線に介入する余力はなかったのが現実であった。豊璋の要請を受けて中・後軍「健児万余」が八月一三日に白村江（白江）に到着したのは八月一三日である。一七日には文武王親率下の新羅軍と孫仁師・劉仁願軍が周留城を包囲した。

劉仁軌指揮下の唐船一七〇艘も同時に白村江に到着した。二七日に倭水軍と唐水軍が会戦し、翌日の水戦で倭船はすべて全焼した。豊璋は直ちに高句麗に亡命し、指導者を失った周留城は降伏した。五月頃から豊璋と福信との不和が表面化し、ついには豊璋が福信を殺害したので、百済軍には有能な指揮官がおらず、そのため、各地の蜂起軍と連携して周留城を固守することができず、百済軍はこれといった戦績をあげることができなかった。百済滅亡は決定したが、それは豊璋の無能と福信殺害に主な原因があったというべきであろう。

倭の出兵の理由については、倭の「帝国主義戦争」とみる見解や（石母田正「古代における〈帝国主義〉について」『歴史評論』二六五、一九七二年）、倭が「百済・新羅に対してもっていた貢納関係を、危険な軍事的出兵をもおして維持しようとした」（鬼頭清明『日本古代国家の形成と東アジア』校倉書房、一九七六年）、あるいは「倭の五王以来、朝鮮の諸国王の上に君臨してきた流れのなかで、百済王を従えて唐と戦」った（坂元義種「東アジアの国際関係」『日本通史』二、岩波書店、一九九三年）、また唐に対する防衛戦（井上光貞『日本の歴史』三、小学館、一九七四年。山尾幸久「大化前後の東アジアの情勢と日本の政局」『日本歴史』二二九、一九六七年）などとみる見解がある。いずれも前史を含めて再検討の余地がある。「倭五王」や「貢納関係」云々については再説する必要はない。唐に対する防衛戦とみるのは一理あるが、倭の介入のそもそもの理由は、倭が唐・新羅の枠外から外れて敵視されるような情勢が醸成されたこと、そしてなによりも百済軍の闘争によって百済復興の確信をえたことにある。高句麗に対する期待も一要因であった。百済復興の主力はあくまでも百済軍であり、二・三万の倭軍は補助的なものに過ぎなかった。全般的にみられるのは、倭軍に対する過大評価であろう。新羅は対百済戦には五万の兵力を、高句麗平壌城包囲戦には二〇万の兵力を動員している。日本が新羅一国だけを相手にしても「帝国主義戦争」を遂行するなどということは、当初から不可能なことであることはいうまでもないことである。

白村江戦闘を契機として、百済復興運動は基本的に終了し、善光・余自進ら百済貴族が倭の敗残兵とともに帰国した。そのルートは三通あったが、そこに記録された地名は神功紀四九年条に転用されたことは前述した。天智の近江の大津宮では百済人が高官として登用された者が多く、天智のブレーンとして官司制の端緒を開く役割を果たした。善光を中心とする百済人の一団は難波に集住し、やがて百済郡が設置された。善光は百済王氏を賜姓され、百済移民を代表する存在となった。

天智政権の急務は、唐・新羅軍の来攻に備えて国防を強化することであった。対馬の金田城から河内の高安城まで拠点ごとに朝鮮式山城を築き、とくに国防の要として筑紫に大宰府を置いた。大宰府は百済人の憶礼福留・四比福夫によって建設されたが、南北に大野城・基肄城を配置し、博多川方面に水城を築造して、山地と平地での築堤をつないで、一大防塁を設けた。市街には条坊制を敷き、それは百済王都泗沘城を髣髴させるものであった。六七〇年には最初の全国的な戸籍、庚午年籍を作製し、人民の個別的把握に努めている。天智代の一連の施策は倭国の発展に新しい道を開くものであったが、それには百済人の役割が大きかったのである。

第七章　白村江戦後の新羅と日本

第一節　七世紀後半～八世紀前半の新羅と日本

六六三年の白村江戦以後の新羅・日本関係については多くの論考が発表されているが、新日本古典文学大系『続日本紀』（岩波書店）の補注は、それらを批判的に綜合したもので、ほぼ日本の学界の通説的位置を占めるといっても過言ではない。『続日本紀』（以下、『続紀』）一（岩波書店、一九八九年）補注の「神亀年間までの対新羅外交」の説明は次のとおりである。なお、同書所載の「新羅使表」・「遣新羅使表」を参考にして論を進める。

新羅は文武王のとき、唐と結んで、百済を六六〇年（斉明六）に、高句麗を六六八（天智七）に滅ぼしたが、六七六年（天武五）に唐が安東都護府を平壌から遼東に移して半島から手を引くにおよび、朝鮮半島の統一に成功する。一方日本は、百済・高句麗と結んで新羅と戦ったが、二国の滅亡ののち、国交を回復した。しかも新羅は、唐勢力との対抗上、日本との親交を強く求めていたので、日本の要求に応じて、日本に対して朝貢するという形式をとることをうけいれた。かくして天武・持統朝には彼我の使節の往来は頻繁に行われ、その情勢は文武朝以後にも及んでいる。この時期は、ちょうど日本と唐との直接的な交渉が断絶していた時期にあたるが、遣新羅使や新羅学問僧などが大陸文化の摂取に果した役割は、きわめて大きかったと推定される。

さらに、『続紀』二（岩波書店、一九九〇年）補注は、「天平年間の対新羅外交」と題して、次のように記す。

天平年間に入ると、北東アジアの情勢の変化と関連し、新羅と日本の関係にも大きな変化がおこった。その一つは渤海と唐の対立である。渤海の武王は、七二六年（神亀三）、唐と通行した黒水靺鞨を撃ち、七三二年（天平四）には山東半島の登州を攻めさせた（旧唐書新羅伝・渤海靺鞨伝）。このような動きは、唐と新羅との連携の強化を生み、また渤海の日本への接近を促した。渤海と日本の接近は新羅の警戒心を高め、防衛の強化を促し、新羅と日本との関係を緊張させた。新羅の聖徳王は、七三五年（天平七）唐に遣使賀正せしめ、唐の太宗は、勅して浿水（大同江）以南の地を新羅に賜わった（冊府元亀）。六七六年（天武五）の安東都護府の遼東遷移後、唐は初めて新羅の朝鮮半島領有を承認したのである。唐と新羅の確執は解消したが、同時にそれは、新羅が日本に対して朝貢国として従属的な態度をとる必要をも解消させた。

補注のこの説明は『紀』・『続紀』の記事をそのまま追いながら、新羅をめぐるいわゆる不利な国際情勢だけを過度に強調して、新羅朝貢国説の信憑性を証明しようとしたものといえる。

『紀』の史料批判をどこまで徹底したのかが問われるが、その点についての関心はあまりないといえるであろう。『続紀』は当然、『紀』の立場を継承しているのであるから、『続紀』を基準に『紀』まで遡上して解釈するのが一般的風潮であるが、その方法論は正当なものとはいえないであろう。すでに山尾幸久氏（『古代の日本と朝鮮』前掲）はこの点を考慮して、「日本の新羅藩屏国視は、七二三～七三一年における対渤海国交開始と新羅攻撃以後に始ま」ったが、新羅はそのような日本の藩屏国視を容認しなかったと述べている。山尾説は展開された論ではなく、年代や理由についても賛成できないが、その基本的視点は継承すべき注目するべき見解と思われる。

六六三年白村江戦後の新羅・日本関係は六六八年（天智七年）秋九月の新羅遣日使金東厳の来日と、翌年一一月の帰国、そしてそれに同行した日本からの遣新羅使の派遣によって始まった。金東厳の来着は九月の高句麗滅亡と時を同じくしていた。高句麗の平壌城は唐・新羅軍によって一ヵ月以上も包囲されたのであるから、新羅の使節派遣は高句麗滅亡を予測してのことであろう。その意図するところは、約束に反して旧百済領を占領しようとする唐との対決を予測し、日本との良好な関係を樹立することであったと考えられる。その点で、「新羅は、唐勢力との対抗上、日本との親交を」求めたとする補注の説明は首肯しうるが、だからといって、戦勝国である新羅が戦敗国である日本に自ら進んで朝貢するという事態は考えがたい。日本の天智政府は、唐・新羅の襲来に備えて国内の防備を固めるのに全力をあげており、六六七年にも倭国の高安城、讃吉国の屋嶋城、対馬国の金田城を築いている。その最中の新羅の和親の提議であるから、それは日本にとっても歓迎するべきことであったことはいうまでもない。ましてや、金東厳の来日を追うように、同年の一〇月には九月に高句麗が滅亡したという情報が入ってきたので、まったく孤立状態に陥っていた日本としては、それはなおさらのことであったに違いない。天智政府が金東厳来日を歓迎し、その帰国に付して直ちに新羅に遣使したのは、その間の事情を物語るものであろう。この時期の日本としては、新羅に朝貢を強要し、両国関係を破綻に導くような政策をとるなどというようなことは、できなかったはずである。唐との問題を考えると、日本は新羅を応援する立場にあったことも考慮する必要があるであろう。

次の天武・持統代、日本は唐と断絶状態にあり、唯一、新羅との親密な関係を通じて先進文化を摂取したことは、補注の指摘どおりであるが、それは朝貢の強要などを通じてできるものではない。新羅にとってこの頃は「三韓一統」（『史記』金庾信伝）の自負の時代であった。さらに対唐関係でも、唐は六七八年を境に新羅を敵視する政策を転換しており、六九〇年代には諸般の国際情勢から新羅への姿勢を柔らげ、折に触れて勧誘しようともしていた（古畑徹「七世紀末から八世紀初にかけての新羅・唐関係」『朝鮮学報』一〇七、一九八三年)。新羅・日本関係が断絶すれば、孤立するのは新羅より日本の方であったのである。情勢論からしての新羅朝貢説は必ずしも説得的とはいえず、新羅使を最初から「進調使」とした『紀』の表現は、神功による新羅征討と百済屯倉成立以来、新羅と百済は貢調・入質していたという、『紀』の構想の延長とみるのが穏当である。

李成市氏(「統一新羅と日本」武田幸男編『日本と朝鮮』吉川弘文館、二〇〇五年)は補注と同じ立場にたつが、七世紀の新羅の政治・文化的影響を総合的にまとめている。政治的には四等官制の導入、諸臣の内・外位制(六七一年)、内・外官の区分(六七八年)、外位制(七〇一年)などや、新羅の執事部と日本の太政官との類似、学制・喪葬制の一部の導入などである。『大宝律令』の選定者に新羅留学生が少なくなかったことが、それと関係があるであろう。仏教の面では、七〇六年までに一二人の新羅学問僧が確認され、そのなかでも審祥によって代表される新羅華厳宗の影響は国家的なものであったこと、新羅元暁の著作をはじめ新羅仏典が大量にもちこまれたこと、そして無視できないのは、日本における訓点、訓読法の発想や木簡の使用法も新羅に由来するであろうことである。さらに重要なことは、新羅王京の条坊制が藤原宮の造営プランに影響を与えていること、天武八色制と新羅の骨品制が相似的な関係にあることとである(同「新羅文武・神文王代の集権政策と骨品制」『日本史研究』五〇〇、二〇〇四年)。このような彼此の文化的水準の差異を考えても、新羅進調などとは、いかにも空々しいといえる。

七〇一年の『大宝令』、七一八~七二二年の『養老令』は、日本を中華とし、唐・新羅を蕃国と規定していた(平野邦雄『大化前代政治過程の研究』吉川弘文館、一九八五年。浅野充「古代日本・朝鮮における国家形成と都市」『朝鮮史研究会論文集』三〇、一九九二年)。それは『大宝律令』自体が国家のあるべき理念を描いたものであるように、対外関係における理想の姿を規定したものに過ぎない。このような『大宝令』・『養老令』の規定の始源は、「唐皇帝」

に比すべき「日本天皇」号の出現にあると考えられる。「天皇」号は天武代に成立し、六八九年(持統三年)施行の『浄御原令』で法制化されたと考えられるが(吉村武彦『古代天皇の誕生』角川選書、一九九八年)、「日本」国名もやがて定められ、「日本天皇」の出現とともに、日本の中華思想が理念的に析出されてきたといえる。しかし、日本は唐に終始朝貢していたことで明らかなように、それは現実の外交関係とはあまりにも懸隔があった。唐の場合がそうであるなら、新羅に関しても程度の差はあれ、それは同様なのであって、唐の場合は現実離れであるが、新羅の場合は史実を反映しているなどとするのは、論理的に一貫性を欠く。神功物語がすでにつくられていたが、少なくとも八世紀初までは、日本が国交をもっていたのは新羅だけであったから、その関係を大切にし、それを通じて先進文化を摂取したのである。

八世紀になると事情が変わってきた。八世紀になって『紀』編纂の具体的作業が進み、その過程で新羅は神功以来、対立状態にあった時以外は、一貫して日本に朝貢したという数々の記事がつくられた。天智~持統間の新羅使が「進調」・「貢調」・「請政」したなどとあるのは、それらの作業の延長上でのことである。七〇三年に天皇の臣下としての高麗王が出現し、また八世紀の新羅は、旧百済・加耶や高句麗の一部を含むから、これら諸国の服属譚もつくられた。いわゆる「百済三書」の編述、「三韓進調」などの記事がそれである。八世紀になって、『紀』編纂に関係した一部の人物たちの間で、新羅蕃国観は次第に現実味をおび始めたのであるが、それが国家的観念として、実際の外交の場にもちだされるようになったのは、『紀』撰進後のことである。国家の正史としての『紀』が公表された以上、それと矛盾するような外交政策はとりえなくなったともいえる。

『紀』撰進後、日本は新羅を現実の外交関係のなかで朝貢国として位置づけようとした。その意志の表われが、七二四年(神亀元年)の神功を祭神とする香椎廟の創建といえる。あるいは『史記』聖徳王紀二一年(七二二年)

一〇月条の「築毛伐郡城、以遮日本賊路」を視野に入れれば、日本側の態度は『紀』編纂後にすぐに鮮明になったので、新羅側も強硬姿勢をとりつつあったのである。七二六年（神亀三年）の作と思われる『懐風藻』所載の「秋日於長王宅宴新羅客」と題する詩群に、「三朝使」・「華夷」・「朝貢悌航使」など、新羅使を朝貢国視する表現がみられるのも（鈴木靖民『古代対外関係史の研究』吉川弘文館、一九八五年）、これと関係するであろう。七三八年頃の成立とされる『大宝令』の注釈書である「古記」が、「隣国者大唐、蕃国者新羅也」として、唐と新羅に差異を付したのはこのためなのである。

しかし、このような日本側の不当な要求を新羅が呑むはずはなかった。日本の華夷思想に対しては、新羅も自身の華夷思想でもって対抗したのである。七三四年の新羅遣日使は、自らの国号を「王城国」と称して、日本の不興をかっているが、この「王城国」とは、「新羅を宗主国とし、周辺諸国を蕃国とする中華思想の具体的顕現者たる新羅王の居住する都城のある国」との意らしく（酒寄雅志『渤海と古代の日本』校倉書房、二〇〇一）、つまりそのことは、ここに新羅・日本関係は、のっぴきならぬ対決状態に陥り、七三八年（天平一〇年）・七四二年・七四三年の新羅使が相ついで大宰府より放還されたことによって、両国関係は事実上の断絶状態になったのである。

このように、新羅・日本関係が断交状態になったのは七三〇年代以後のことであるが、新羅を現実に朝貢国として位置づけようとする日本政府の態度は、『紀』撰進後の七二〇年代から露骨になり、その頃から両国間に摩擦が生じたのである。補注は、七二七年以後の渤海と日本の通交、七三五年の唐による浿水以南に対する新羅の領有権承認を契機として、新羅が日本に対する従属外交を転換したとし、山尾氏は渤海と日本の通交以後、日本が新羅に朝貢を強要したとする。その両国関係についての視座は質的に異なるが、国際情勢を基本的視座にすえる点では共通点がある。そのような国際情勢が両国関係の険悪化を促進したのは確かであるが、しかしそれは本質的要素とはいいがたい、その根本的理由は、『紀』撰進後の日本の対新羅政策の変更にあるのであって、新羅が外交政策を転換したということではない。新羅は日本に対して、一貫して友好国として対等外交を推進しようと努力したのである。

この間、『続紀』には天皇が新羅王にあてた国書の内容が掲載されている。日本は唐に国書を提出して朝貢し、唐皇帝の『勅書』を受けとっていたが、その「勅書」の内容については一切黙して語っていない。ところが新羅に送った国書についてはその内容を掲載している。『続紀』の態度には作為があることが想定されるから、批判的に対処する必要がある。『続日本紀』補注「神亀年間までの対新羅外交」は、前掲文末尾に次のように述べる。

> この時期の対新羅外交文書として知られるものには、（イ）大宝三年度の告葬使の上表に対する詔（三年閏四月辛酉朔条）、（ロ）慶雲二年度の新羅使に付した新羅王に対する勅書（三年正月丁亥条）、（ハ）慶雲三年発遣の遣新羅使に付した新羅王に対する勅書（三年一一月癸卯条）、（ニ）神亀三年度の新羅使に与えた璽書（三年七月戊子条）の四つがある。このうち新羅王に対する（ロ）・（ハ）の二つの勅書の冒頭の文言は「天皇敬問新羅王（または新羅国王）であって、これは文苑英華に収める唐皇帝が突厥・吐蕃・新羅・渤海などの王に下した勅書に類似する。なお（ロ）では、「王有国以還、多歴年歳、所貢無虧」といい、（ハ）では「王世居国境、撫寧人民、深秉並舟之至誠、長脩朝貢之厚礼」といっていることは、当時の対新羅外交が、新羅を古来の朝貢国とみなす立場にたっていたことをよく示している。

補注のこの説明は、天皇の詔や勅書が当代史料をそのまま忠実に転写したという前提にたってのことであるが、その前提は別に証明されたものではない。それらは新羅・日本関係が順調であった頃は、新羅が古来からの誓いどおり、忠実に貢調してきたとする『紀』を継承した内容であるから、慎重に検討せねばならない。例えば、（イ）の新羅告葬使に対する「詔」には、「朕思、其蕃君雖居異域、至於覆育、允同愛子」などとしているが、それは孝昭王死去に関する原資料に潤文を加えたものであろう。編纂時の潤色は全体的に及んでいると考えられる。（ニ）の「璽書」は、「伊湌金順貞汝卿安撫彼境、忠実我朝」などとしているが、これは宝亀五年（七七四年）三月癸卯条の新羅使の言に、「本国上宰金順貞之時、舟檝相尋、常脩職貢、今其孫邕、継位執政、追尋家声、係心供奉」とあるのとともに、金順貞死去とその孫の邕の執政史料を用いて、この二人を親日派に仕立てあげた潤文とみなければならない。それは、邕執政後の間もなく、両国関係が断絶した事実一つをとってみても、明らかなのである。

（ロ）・（ハ）の勅書に関しても同様である。というのは、この「勅書」は、唐皇帝が周辺諸国に送った慰労詔書を真似たものであるが、その「結語」が（ロ）では「指宣注意」、（ハ）では「指宣注意、更不多及」とあり、天平勝宝五年六月丁丑条の渤海王宛「璽書」（冒頭は「天皇敬問渤海王」）には「指宣注意」とある。それが天平宝字三年二月戊戌朔条の高麗王（渤海王）宛の「書」になると、「遺書指不多及」とあって、以下、「指宣注意」の代わりに「遺書」の語が加わった多様な表現となり、延暦期以後では「略此遺書」の様式に慣例化されている。これら「結語」の変遷は唐での語法を反映しており（中野高行「慰労制書の結語の変遷について」『史学』五一一、一九八五年）、画一的でもないので、ある一時期に造作されたものとはいえないのである。（ロ）・「ハ」の新羅王宛の「勅書」は、のちの潤色が加わっている可能性はあるものの、基本的になんらかの原史料を参考にしたものなのである。しかし、慶雲二年の（ロ）と（ハ）の文面にはやはり疑問がある。（ロ）では「王有国以還、多歴年歳」とあるが、その七〇六年は新羅聖徳王五年であるから、（ロ）の表現は年次的に適当でない。（ロ）は聖徳王末年に近い頃の原史料によった可能性があるが、（ハ）も同様なのである。

この点で注目されるのは、天平勝宝四年（七五二年）六月壬辰条の新羅使金泰廉に対する「詔」に、「而前王承慶、大夫思恭等、言行怠慢、闕失恒礼、由欲遣使問罪之間、今彼王軒英、改悔前過、冀親来庭、而為顧国政」とあることである。この「詔」も原史料どおりとはいえないが、前王承慶（孝成王）・大夫思恭らのときに、新羅・日本関係が決裂したことを語っている部分は、その人名からしてもなんらかの原史料が存在したのである。この決裂とは、天平八年（七三六年）の日本の遣新羅使阿部継麻呂が翌年に帰国し、「新羅国、失常例不受使旨」と報告したことであると思われる。ただし天平八年は聖徳王三五年で、前王承慶とは直結しないが、聖徳王はその翌年に死去し、孝成王は聖徳王三三年に太子となっているから、阿部継麻呂に接したのは即位前の孝成王と思恭で（『続日本紀』三、岩波書店、一九九二年、注）、阿部継麻呂の具体的な帰朝報告が存在して原史料となったのである。そしてその紛争の原因となったのは、新羅が日本の「使旨」を受けなかったことであるが、その「使旨」こそ、聖徳王末年に発せられた（ハ）の「勅書」であると考えられる。唐の慰労詔書の形式をとり、新羅を朝貢国と位置づけた文書を、新羅が甘受するはずはなく、ここに両国関係は断絶状態になったのである。

（ロ）・（ハ）が慶雲三年頃のものでないということは、その頃、両国関係は良好であったということでも裏づけられる。それからこれがもっとも重視するべきことであるが、「天皇敬問某国王」で始まる国書は、『延喜式』中務省式に「慰労詔書式」として規定されているが、それは『大宝令』や『養老令』にはなかったものであるということである。『続紀』の実例では、天平宝字年間の渤海王宛文書から常例化しているが、（ロ）・（ハ）は例外的に早期の例なのである（中野高行「慰労制書に関する基礎的考察」『古文書研究』二三、一九八四年）。（ロ）・（ハ）は『養老令』以後の、天平宝字年間のものであったが、『続紀』は、その初期から新羅が従順な朝貢国であったと語るため、（ロ）・（ハ）の年次を繰り上げたのである。

一連の流れは次のようなものであろう。七二〇年の『紀』撰進後、日本は新羅を朝貢国視するようになり、両国関係は次第に緊張していったが、それは七二七年の渤海・日本の通交によってさらに本格化した。そしてついに、七三二年の遣新羅使角家主が（ロ）を携行し、国書のなかで新羅を朝貢国と位置づけたので、追還された。家主帰国直後に、東海・東山二道節度使、山陰節度使、西海道節度使が任命されたのは、これと無関係ではないであろう。日本政府の無礼な姿勢に対し、新羅は自身の華夷思想をもって対抗し、七三四年の新羅使は「王城国」を称したため返却された。七三六年に阿部継麻呂は（ハ）を携行したので、ついに両国関係は決裂した。翌年に帰国した継麻呂の報告を受けた日本の朝廷は、官人や諸司の意見を問うたが、なかには「発兵加征伐」などと主張するものもいた。また夏四月には「伊勢神宮、大神社、筑紫住吉・八幡二社及香椎宮」に遣使奉幣し、「新羅无礼之状」を告げさせている。それでも新羅は対渤海問題もあり、七三八年・七四二年・七四三年と遣使したが、それらの使者はみな大宰府より放還されたのである。

第二節　八世紀中葉以後の新羅と日本

七四〇年代の新羅・日本関係は一触即発の状態にあった。そのようななかで天平勝宝四年（七五二年）、「新羅王子」韓阿湌金泰廉と大使の金暄が七〇〇余人をひきつれて四月に筑紫に来着し、そのうち三七〇余人が入京した。六月己丑条には金泰廉の「奏」として、「新羅国王言日本照臨天皇朝庭。新羅国者、始自遠朝、世々不絶、舟檝並連、来奉国家」などとあり、天皇の「詔」には「新羅国、始自遠朝、世々不絶、供奉国家」などと記され、さらにそれを受けた金泰廉の「奏」には、「普天之下、無匪王土、率土之浜、無匪王臣。泰廉、幸逢聖世、来朝供奉、不勝歓慶」などとある。壬辰条の「詔」には「新羅国来奉朝庭者、始自気長足媛皇太后平定彼国、以至于今、為我藩屏。

而前王承慶・大夫思恭等、言行怠慢、闕失恒礼。由欲遣使問罪之間、今彼王軒英、改悔前過、冀親来庭」ともある。これらの記事によると、新羅は神功（気長足媛）の昔より日本に臣属し、絶えることなく朝貢していたことを認め、前王承慶（孝成王）らの「言行怠慢、闕失恒礼」を改悔して、今王軒英（景徳王）が王子泰廉らを派遣して朝貢したことになり、それは新羅が対日外交方針を転換したことを示すことになる。それに対し、天皇は新羅王の親朝を求めてもいる。『続日本紀』三（前掲）補注は、「天平勝宝四年の新羅使」と題して、次のように説明する。

なぜ新羅がこのような外交政策の大きな転換を行ったのかは明確でないが、一つには、唐・渤海との関係を含めた東アジアの国際情勢に対する何らかの判断から対日政策の転換を企てたことが推測され、もう一つには、この頃の新羅使は外交使節であると同時に商賈としての性格をもっていたので、朝貢という形式をうけ入れることによって、交易による実利を得ようとしたのではないかと推測されている。事実、この天平勝宝四年の新羅使がもたらした新羅物を購入しようとする貴顕の家の解が正倉院の鳥毛立女屏風の下貼文書として残されている。これらの解は、新羅使が入京していた六月中旬・下旬にほぼ五位以上の貴族の家から、購入予定の新羅物の種類・価値を記して大蔵省ないし内蔵省に提出された文書と考えられ、その物品は香料・薬物・顔料・染料・金属・器物・調度など多種にわたり、唐・南海・西アジアなどの仲介貿易品や新羅の特産品が含まれている。新羅使の来日はちょうど東大寺の大仏開眼の時期にあたっており、東大寺の完成にむけて造東大寺司も新羅物を大量に購入した可能性があり、正倉院の佐波理加盤もこの時の購入品ではないかと推定されている（中略）。ところでこの天平勝宝四年の新羅使の来日の動機を大仏開眼と関連づけ、新羅王子金泰廉の来日の目的は東大寺大仏の参拝にあったと推測する説もある（下略）。

補注は金泰廉一行来日の背景について三説をあげる。一は国際情勢、二は交易、三は大仏参拝であるが、いずれにしろ、新羅が外交政策を転換して日本に朝貢したとする。ここで留意されるのは、補注が国際情勢からは新羅の外交政策転換の理由を明確に説明できないとしているということである。というのは、この時の新羅の遣使は、北方経営で渤海との衝突、および日本と渤海との協力を憂慮した新羅が、日本の中華思想に迎合して朝貢したものとする見解があるが（酒寄雅志前掲書）、補注はそれに対しては懐疑的であるからである。ところがこの問題について包括的に論じた李成市氏は（『東アジアの王権と交易』青木書店、一九九七年）、「新羅は当時、朝鮮半島の北部で境界を接する渤海との対立状況のなかで、どうしても日本側を顧慮しなければならない切羽詰った状況におかれていた」ので、「その保全策として日本側の要求する蕃国の立場で入朝し」たという。そして「渤海との対立状況」の具体的内容としては、七三二年の渤海による唐の登州攻撃以後、「唐・新羅と渤海との対立図式が明確になった」ことをあげるのである。しかし事実は、唐と渤海は間もなく和解し、七三五年末ないし翌年初に渤海の遣唐使が唐に到着している（石井正敏『日本・渤海関係史の研究』吉川弘文館、二〇〇一年）。以後、唐・渤海関係は好転するが、それは新羅にとって有利なことであるはずである。さらに唐は七三五年に新羅の浿江以南領有を認めたことから、新羅の北方情勢はいつになく安定していたのである。李氏は七五二年・七五八年・七五九年と継続した渤海使の来日が、唐・新羅の軍事的脅威に対抗するための対日交渉と解しているが、たとえそれがそのようなものであったにしても、当時の両国は争長問題（上下、対等関係）をめぐって必ずしも円滑な関係にはなかった。それをさしおくにしても、金泰廉の来日と渤海使の同年の来日との間に特別な相関関係を想定する根拠は別に存在しない。そもそも新羅使の来日自体が、李氏も指摘するように、「その三ヶ月前である一月一五日に、山口人麻呂が遣新羅使に任命されており、時期的にみてもこの時に日本側から「要請」された可能性があるのであるが、大量の交易物をもたらした突然の大使節団の来日は、日本側の要請をこそ前提としているとみなければ理解できないことである。

問題は、七三〇年代以後、新羅・日本関係が実際に緊張し、七四二年・七四三年に新羅使が大宰府から放還されている、すなわち、新羅は朝貢を拒否しているのに、七五二年に新羅が大使節団を派遣してきたことである。そうすると、新羅の「切羽詰った状況」は、七四三年から七五二年の間に起こったことにならねばならないが、それほどのことがあったとは考えられない。さらに金泰廉一行の返礼使の小野田守は、慢にして無礼であるという理由で、景徳王は引見しなかった（『史記』景徳王紀一二年秋八月条）。「慢而無礼」とあるのは、金泰廉一行の来日によって目的を達した日本側が、直ちにもとに戻って朝貢を求めたということであろうから、新羅がそれを拒否したというのは、新羅としては一貫しているのである。金泰廉一行の来日は、新羅の対日政策が急変した結果ではなく、日本の方に特別の理由があって、この時だけは日本が新羅に辞を低くして使節団派遣を要請したことにほかならない。日本側の理由としては、補注も指摘するように、東大寺の大仏を完成し、かつ東大寺の威儀を完備するためには、金や仏具・経典・各種調度品・香料などが切実に必要とされたということであろう。

李氏は、天皇の「詔」と金泰廉の「奏」について、「新羅を藩屏（属国）と見なす日本側の要求に対して新羅側はこれによく順応する様子がみてとれる」ともいう。「詔」と「奏」は、神功以来、新羅は日本に代々朝貢してきたということを、互いに認めあう内容となっているが、そのようなものが当代の原史料によるとするなら、それは初歩的な史料批判をも放棄するものであろう。「詔」と「奏」は、日本側の要求に応じて来日した新羅使を、新羅側が進んで派遣した朝貢使とするための『続紀』編者の潤文であろうことは、既述の事情によって明らかであろう。

情勢が一変するのは七五八年（天平宝字二年）からである。この年、遣渤海使の小野田守が渤海使とともに帰国し、唐における安史の乱について報告している。そして翌年からは、新羅征討の準備が大々的に着手されたのであるが、これは唐の混乱をみこんで、今まで朝貢を拒んできた新羅を渤海とともに挟撃しようとしたことを示す。これはそれ以前とは異なる新事態である。その際、渤海・日本間の争長問題は棚上げされ、神功以来の新羅問題を解決しようとしたのである。渤海にとっても新羅との確執問題が存在したのである。しかしこの計画は、七六二年に渤海・唐関係がまた親密化したことや、七六四年に藤原仲麻呂政権が崩壊したことで頓挫した。その間、七六〇年（天平宝字四年）と七六二年に新羅使の来日があった。この両度の使者は朝貢使であったが、使人が軽微であるという理由で放還されたとある。その後、七六九年（神護景雲三年）の新羅使は、在唐の遣唐大使藤原清河の書をもたらしたが、調を土毛と称したので大宰府より追還され、七七四年（宝亀五年）の新羅使も貢調を進物と称したので、やはり大宰府より放還された。しかし、七七九年（宝亀一〇年）の新羅使は貢調したとある。これをみると、新羅の対日政策はめまぐるしく変わったことになるが、それは現実的には考えがたいことである。七七四年に信物と称していたのを、なぜ七七九年に貢調と称するようになったのか、対外情勢論などでは説明のつかないことである。ましてや、七七九年の新羅使は、遣唐使判官海上三狩らをともなって来日しているので、ことさら辞を低くする必要はなかったはずである。七七九年の新羅使を『続紀』が貢調使としたのは、この新羅使が入京したからであろう。新羅使は一貫して土毛・信物を称したので、放還・追却されたのであるが、そのうち入京した使者に限って、『続紀』は貢調使などとしたのである。

要するに、金泰廉ら新羅使の来日を要請した日本は、その目的を達すると、直ちにまた新羅を朝貢国の位置に置こうとしたが、新羅は一貫してそれを拒否したのである。その間、それでも新羅は、渤海のこともあって、対日関係を改善しようと努力し、日本の遣唐使の音信を伝えたり、日本の遣唐使を送ってきたりしたのであるが、日本の頑迷な態度は変わらなかったので、ついに七七九年の遣使をもって、日本と最終的に断行するに至ったのである。七七九年の使者は、決して貢調使ではなかったのである。

第三節　敏売崎での給酒儀礼

『延喜式』巻二一・玄蕃寮式には外国使節来日時に関する規定三条があるが、第一条は「凡諸蕃使人、将国信物応入京者」以下、第二条は「凡蕃客往還、若有水陸二路者」以下である。そして第三条は「凡新羅国入朝者」以下であるが、それは次のAとBに分かれる。

A凡新羅客入朝者、給酒神酒。其醸酒料稲、大和国賀茂・意富・纏向・倭文四社、河内国恩智一社、和泉国安那志一社、摂津国住道・伊佐具二社卅束、合二百束送住道社。大和国片岡一社、摂津国広田・長田・生田三社各五十束、合二百束送生田社。合令神部造。差中臣一人、充給酒使。醸生田社酒者、於敏売崎給之。醸住道社酒者、於難波館給之（下略）。

B蕃客従海路来朝、摂津国遣迎船（分注。王子来朝遣二国司、余使、郡司。但大唐使者迎船有数）。客船将到難波津之日、国使著朝服、乗一装船、候於海上、客至、迎船趍進、客船・迎船比及相近、客主停船。国使立船上、客等朝服出立船上。時国使喚通事、通事称唯。日本尓明神登御宇天皇朝庭登、王能申上随尓参上来留客等参近奴登、摂津国守等聞著氏水脉母教導賜幣等宣随尓迎賜波久登宣。客等再拝両段謝言。訖引客還泊。

平野卓治氏によると（「山陽道と蕃客」『国史学』一三五、一九七七年）、第一条の成立は、軍団が停廃された延暦一一年以後であるが、第一条・第二条は「陸路入京」のことを述べているから、それは弘仁期までの渤海使に対する迎接のあり方と対応する。それに対し第三条は、Aは難波館の存在が前提となるから、難波の鴻臚館が摂津国府に転用される承和一一年（八八四年）一〇月以前、Bは摂津職が摂津国に変わる延暦一二年（七九三年）三月以後に成立した式文であるが、Aの「新羅客」に対する敏売崎での「給神酒」と、Bの「蕃客」に対する難波津沖での迎接儀礼は一連のものであるから、それは「宝亀一〇年（七七九年）以後、公的な交渉が途絶えた新羅使に対するそれ以前の迎接のあり方に対応したものであ」る。さらにAは、「神功皇后の新羅征討伝承と深く結びついたものであり、また難波津沖での海上迎接儀礼は、その素型を『書紀』舒明四年（六三二年）一〇月甲寅（四日）条における唐使高表仁らの迎接にすでに看取できることから、この両者の儀礼は、遅くとも八世紀にはすでに成立していたと考えて大過ないであろう」と解釈した。

平野説には傾聴するべき点が少なくないが、Bの内容がそのまま実行されたとするのには疑問が多い。また、Aの敏売崎の給酒儀礼が神功物語と深く結びついていたとする点も、以前からも同様のことが唱えられているが、さらに慎重な検討が必要である。

敏売崎での給酒が神功物語と結びついているというのは、神功紀をみてのことであるが、それによると、神功は筑紫橿日宮で、「神風伊勢国之百伝度逢県之拆鈴五十鈴宮所居神、名撞賢木厳之御魂天疎向津媛命」（天照大神の荒魂）「幡荻穂出吾也、於尾田吾田節之淡郡所居神」（天照大神の分身または妹）、「於天事代於虚事代玉籤入彦厳之事代神」（事代主神）、「日向国橘小門之水底所居、而水葉稚之出居神、名表筒男・中筒男・底筒男神」（住吉三神）の、諸神の託宣を受けて新羅征討を果し、帰途、「務古水門」で神教により天照大神の荒魂を御心広田国（広田社）に、天照大神の分神（稚日女神）を活田長峡国（生田社）に、事代主神を御心長田国（長田社）に、住吉三神の和魂を大津渟中倉之長峡（住吉社）に祀ったとあるが、Aによれば、敏売崎での神酒は生田社で醸し、その料稲を出す神社に広田・長田・生田の、摂津三社が名を連ねているのである。

平野説に対しては、まず中野高行説（「延喜式玄蕃寮式にみえる新羅使の給酒規定」『ヒストリア』一二四、一九八九年）が参照される。氏は、敏売崎での給酒には住吉社が関与していないこと、また広田社の祭神はもとは天照大神とは無関係な摂津の太陽神であったらしいこと、舒明紀四年一〇月甲寅条に、唐使高表仁らが難波津の館で神酒を給付されていることを根拠に、六世紀後半頃には外国使節一般に敏売崎と難波館での給酒が行なわれていたが、天武・持統期に神功新羅征討物語がつくられた際に、摂津三社がそれに結びつけられ、それを契機に給酒のことは新羅使だけに行なわれたとする。天武・持統期というのはさらに検討を要するが、敏売崎給酒のことが、もとは神功物語とは無関係であったという指摘は重要である。

次に、最近の森公章説がある（『古代日本の対外認識と通交』吉川弘文館、一九九八年）。氏によれば、地理的には敏売崎＝務古水門＝大輪田泊（神戸付近）で、その地は畿内に入っての最初の寄港地であった。その地での神酒給付は、「畿内に入った最初の寄港地において、外国使節の慰労・歓迎あるいはケガレ除去のために行う儀礼であ」って、その執行者は凡河内直であった。凡河内直はまたBに、「客等参近奴登氏、摂津国守等聞著氏」とあって、難波では外国使節が難波津に接近しつつある情報をえているが、その情報も提供したのである。そしてこのような神酒儀礼は、外国使節が入京・滞在するようになった八世紀以後には、別の新たな入京時の祭祀が成立するので、Aの規定は七世紀以前のものを反映しているのである。中野・森説によって、Aの規定は、古い伝統を継承しながら、外国使節迎接儀礼として七世紀に成立したと、判断してよいと思われる。それが確実であることは、Aには「新羅客」とあって、「蕃客」とされていないこと、それには「高麗客」・「百済客」・「唐客」が含まれていないことでわかる。それは、高句麗・百済滅亡後から『大宝律令』までの、日本が新羅とだけ国交をもっていた状態を反映しているのであって、条文としては『浄御原令』を想定することができるのである。それに対しBは、以前からの難波津迎接のことを踏まえながらも、延暦一二年以後の観念でもって、現実には途絶していた新羅使迎接に関して規定したものであって、傍線部分のような国司迎接使の言葉は、新羅・日本関係の実際とは無関係なのである。Bの「客等朝服」を、新羅使が天皇から賜与された日本の官服を着用した意と解釈する見解もあるが（武田佐知子前掲書）、その解釈が正しいとしても、それはそのように規定したまでのことである。現実にはそうでなかったからこそ、両国関係が断絶したのである。

中野・森説では、神功物語の摂津三社の問題が充分に解けない。中野氏の付会説は、その理由や過程が必ずしも明らかでなく、摂津三社の醸酒は神功物語を前提とするという森説は、従来の域を出ていない。この問題については、あらためて考察する必要がある。

神功新羅征討物語は七世紀後半頃には基本的に成立した。『記』仲哀段は、その最初の所伝に近いと思われるが、それによると、訶志比宮での登場人物は仲哀・神功・建内宿祢で、神教は「是天照大神之御心者。亦底筒男・中筒男・上筒男、三柱大神者也」の名で下されている。そして神功を新羅に導くのは墨江（住吉）三神で、その荒魂を新羅に「祭鎮」したとある。和魂のことがないのは、神代記に「其底筒之男命・中筒之男命・上筒之男命、三柱神者、墨江之三前大神也」を前提としているからである。『記』ひいては原初の神功物語で活躍するのは墨江大神であり、摂津三社のことはなかったのである。

『紀』該当部分末尾には本文に付された分注「一云」異伝がある。その「一云」異伝は、新羅の于老（宇流助富利智干）伝承と結びつけられているが、それは八世紀になってつくられた原本の付会である。その部分を除くと、橿日宮に登場するのは、仲哀・神功・武内宿祢と沙麼県主祖内避高国避高松屋種、神は「表筒雄・中筒雄・底筒雄」三神で、また「重曰」として「向匱男聞襲大歴五御魂速狭騰尊」ともある。ここでは神としては天照大神が消え、住吉三神だけが登場する。「重曰」の神は、物語に合わせた住吉三神の別名である。そしてその神教のなかで穴戸直践立の名が出るが、この人物は、本文によれば、のちに津守連之祖田裳見宿祢とともに神功に提議し、住吉三神の荒魂を穴門山田邑に祭ったとあるから、「一云」にも後略部分があって、それには穴戸直践立による荒魂祭祀や、田裳身宿祢による和魂祭祀のことが記されていたに違いない。これからすると、「一云」は、神功新羅征討物語成立後、それを受けてつくられた、穴門や住吉における住吉神祭祀の起源譚を原史料としているのである。穴門の住吉社は、仲哀の殯宮を穴門の豊浦宮とする『紀』の所伝ができたことによって創建されたのであろう。

本文はこの「一云」に基づき、住吉大神の荒魂・和魂祭祀記事をつくったことが明らかである。なぜなら、「一云」に「其今御孫尊所御之船及穴戸直践立所貢之水田、名大田為幣」の、特殊な内容の記事が、本文の「其祭之、以天皇之御船、及穴門直践立所献之水田、名大田、是等物為幣也」と、ほとんど同文であるからである。ただ、「一云」の「沙麼県主祖内避高国避高松屋種」は、本文では「中臣烏賊津使主」となっているが、それは本文が『紀』全体の流れに合わせて改筆したのである。

本文は、住吉神のことは「一云」によったが、摂津三社のことはそうでない。摂津三社については別の史料があったのである。それこそ式文Aであろう。あるいは凡河内直が配下の摂津三社の稲を原料にして生田社で神酒を醸し、敏売崎で新羅使に給付して王権に奉仕していたことを物語っていた、ということも考えられる。この新羅使に関係した摂津三社を神功物語にとり入れたのは、一応の本文をつくった稿本であって、それは八世紀になってからのことである。そしてその場合、系譜三で成立した新羅征討物語には天照大神の名がみえていたので、『紀』は摂津三社の祭神を天照大神とその分身（妹神）、それに託宣の神の事代主神とし、託宣と祭祀の筋書きをつくったといえる。櫨日宮でこの三神が登場するのは、ここに至る伏線なのである。天照大神（神風伊勢国之百伝度逢県之拆鈴五十鈴宮所居神）を「撞賢木厳之御魂天疎向津媛命」とも称し、その分身の「尾田吾田節之淡郡所居神」を「稚日女尊」ともしているが、その別名はもとは天照大神とは無関係の、広田社・生田社の祭神名であったと考えられる。

式文Aは、天武・持統代の新羅・日本関係を反映しており、そこに出る攝津三社が神功に結びつけられたのは、『紀』編纂過程の八世紀になってからのことである。それに対し、式文Bは、古くからの難波津迎接のことを含みながらも、延暦以後に観念的に規定されたものであって、史実とは無関係の部分が多い。A・Bをもって七・八世紀の新羅が日本の朝貢国であったということはできない。

おわりに

本書は、筆者の前著を踏まえて叙述しているので、煩瑣な考証を省いている。結論的に書いた部分に疑問を抱いた読者は、前著を参照していただきたい。

最近の内外の研究成果を充分に参照したつもりであるが、とくに『紀』を体系的・全体的に分析した山尾幸久氏の一連の著作、倭国王統譜を成立論的に検討した西條勉氏の著作、それに『広開土王碑』の原石拓本を確定し、全文を広い視野で考究した武田幸男氏の著作、それに中敬澈氏らによる洛東江下流域の考古学的調査をぬきにしては、拙著の成稿は不可能であったであろう。しかし、諸氏の各論については批判的に対処したことはいうまでもない。

筆者の立場は、『史記』・『記』・『紀』・『続紀』の原史料を追究する原史料論、完成過程を段階的に分析する成立論、それに立脚した基本文献の史料批判論のうえにたっている。日本の「東夷の小帝国」論は克服されねばならないが、その目的がどれほど達成されたかは今後の批判に待つしかない。本書が学界の関心をひくことができれば畢生の僥倖である。

二〇〇七年晩春識

【著者紹介】

高寛敏（コ・カンミン）

1940年　大阪出生

1964年　京都大学文学部卒業

1966年　京都大学文学部修士課程修了

1966年4月から1973年年3月まで京都朝鮮中高級学校教員

1973年4月から朝鮮大学校勤務。教授を経て、2000年3月退任

現在、同校非常勤講師

＜主な著作＞

一、『三国史記の原典的研究』雄山閣出版、1966年

二、『古代朝鮮諸国と倭国』同前、1997年

三、『倭国王統譜の形成』同前、2001年

四、『古代東アジア論考』私家版、2005年

五、「高句麗の編史事業と百済・新羅・倭」『高句麗研究』21、ソウル、2005年

六、「任那・加羅・南加羅・金官・秦韓・慕韓・韓・穢」済洲道における国際シンポジウム発表論文、2006年

七、訳書『徳興里高句麗壁画古墳』講談社、1986年

古代の朝鮮と日本（倭国）

2007年8月20日　初版発行

著　者・・・・・高寛敏

発行人・・・・・宮田哲男

発行所・・・・・株式会社 雄山閣

郵便番号　102-0071

東京都千代田区富士見2-6-9

電　話　03-3262-3231

ＦＡＸ　03-3262-6938

印　刷・・・・・株式会社新製版

製　本・・・・・協栄製本株式会社

《検印省略》

 ISBN978-4-639-01994-7 C3020